AF192611

YOUCAT

AMOR
PARA SIEMPRE

LATINOAMÉRICA

DEL YO AL NOSOTROS
POR EL SACRAMENTO DEL AMOR

Con prólogo
del papa Francisco

verbo divino

YOUCAT
Amor para siempre
Del yo al nosotros por el sacramento del amor

1ª edición, 2026 2.1_es-AR01.

Edición original
YOUCAT Liebe für immer. Vom Single zum Sakrament
Con prólogo del papa Francisco
Publicado por la Conferencia Episcopal Austriaca.
Texto confirmado por el Dicasterio para la Evangelización – Sección para las cuestiones
fundamentales de la evangelización en el mundo, Prot. N. EV1/66/2025/P del 23 de enero de 2025.

Diseño, maquetación e ilustraciones: Alexander von Lengerke, Colonia, Alemania

DE LA PRESENTE EDICIÓN PARA LATINOAMÉRICA
© De esta edición: Editorial Verbo Divino, 2025

Traducción al español: Roberto H. Bernet
Adaptación de contenidos: Equipo Bíblico Verbo

Imprimatur de la presente edición Latinoamérica:
Card. Jaime Spengler, OFM
Arzobispo de Porto Alegre
Presidente del Consejo Episcopal Latinoamericano y Caribeño (CELAM)
Porto Alegre, 9 de junio de 2025

Impresión: Jomagar, Móstoles (Madrid)
Depósito legal: NA 158-2026
ISBN: 978-84-1063-146-5
Impreso en España – *Printed in Spain*

La YOUCAT Foundation gGmbH promueve en todo el mundo proyectos de nueva evangelización con los
beneficios generados por su labor editorial y con donaciones recibidas, alentando a los jóvenes a descubrir
la fe católica como fundamento para sus vidas.
Puede apoyar el trabajo de la YOUCAT Foundation con una donación:
Liga Bank eG: IBAN: DE77 7509 0300 0000 2589 89
BIC: GENODEF1M05

Los signos y su significado

 Citas

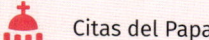 Citas del Papa

? Conceptos

B Citas bíblicas

i Notas interesantes

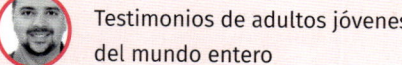 Testimonios de adultos jóvenes del mundo entero

 Flashes
Más información en Internet

Fuentes

B Biblia
CIC Código de Derecho Canónico

Catecismos
Y YOUCAT
D DOCAT
CCC Catecismo de la Iglesia Católica

Textos de la Iglesia
LG *Lumen gentium* (1964)
HV *Humane vitae* (1968)
FC *Familiaris consortio* (1981)
DV *Donum vitae* (1987)
DC *Deus caritas est* (2005)
CV *Caritas in veritate* (2009)
AL *Amoris laetitia* (2016)
GE *Gaudete et exultate* (2018)

Índice

El gran día frente al altar
130-131

Prólogo del papa Francisco

Queridos amigos:

En mi patria, Argentina, existe una danza que me gusta mucho y que bailé a menudo en mi juventud: el tango. El tango es un juego maravilloso y libre entre el varón y la mujer, lleno de irradiación y gran fuerza de atracción erótica. El bailarín y la bailarina se cortejan mutuamente, experimentan cercanía y distancia, sensualidad, respeto, disciplina y dignidad. Se alegran del amor y sospechan lo que significaría entregarse. Fue quizá recordando a lo lejos esta danza que le puse a mi gran encíclica el título *Amoris laetitia*: la alegría del amor.

Siempre me conmueve ver a gente joven que se ama y que tiene la audacia de hacer de su amor una gran cosa: «Quiero amarte durante toda mi vida». ¡Qué formidable promesa! Ahora bien, ni yo ni ustedes somos ciegos. ¡Cuántos matrimonios fracasan hoy en día después de tres, cinco, siete años! Quizá incluso ustedes tienen padres que comenzaron con la misma audacia en el sacramento del matrimonio, pero no pudieron llevar a plenitud su

amor. Entonces, ¿no es mejor evitar el dolor, solamente tocarse como en un baile fugaz, disfrutar el uno del otro, jugar el uno con el otro y, después, separarse?

¡No lo crean! ¡Crean en el amor, crean en Dios y crean en que ustedes pueden tener la aventura de un amor para toda la vida! El amor quiere ser definitivo. Un amor «hasta nuevo aviso» no es amor. Los seres humanos tenemos el anhelo de ser aceptados sin reservas, y, a menudo, el que no experimenta esa aceptación carga consigo, sin saberlo, una herida en su vida. Por el contrario, el que se vincula no pierde nada; lo gana todo: la vida plena. La Sagrada Escritura es totalmente clara al respecto: «Por eso el hombre deja a su padre y a su madre y se une a su mujer, y los dos llegan a ser una sola carne» (Gn 2,24). ¡Una sola carne! Jesús deja claro lo central: «De manera que ya no son dos, sino uno» (Mc 10,8). Un cuerpo. Una casa. Una vida. Una familia. Un amor.

Para ayudarles a fundar su relación en el amor fiel de Dios llamé a toda la Iglesia a hacer decididamente más por ustedes. No podemos seguir como hasta últimamente: muchos no ven más que el bonito ritual. Un par de años más tarde se separan: la confianza está destruida. Se han infligido heridas. A menudo los niños se quedan sin padre o sin madre. Para mí es como bailar mal el tango. El tango hay que saber bailarlo. Con más razón hay que saber vivir el matrimonio y la familia. Antes de recibir el sacramento del matrimonio es necesaria una preparación adecuada, hasta diría un catecumenado, porque en el amor se juega toda la vida, y con el amor no se juega. Quizá la palabra «catecumenado» no les diga nada. En la Iglesia primitiva, el que quería hacerse cristiano pasaba por lo que se llama un «catecumenado», un camino de aprendizaje y de prueba de sí mismo que duraba a menudo varios años. Siempre soñé para el sacramento del matrimonio una fase de entrenamiento semejante; puede ahorrar decepciones y matrimonios inválidos o inestables.

¡Cuánto me alegré de que Youcat aceptara mi sugerencia! Hace años, cuando oí hablar del proyecto y me di cuenta de que participaban jóvenes católicos de treinta países, le pedí al equipo que leyera *Amoris laetitia* y que la tradujera a un lenguaje de jóvenes. Ahora veo que eso se ha logrado: este libro es compañero excelente en el camino hacia el sacramento del matrimonio. Habla de forma entusiasmante y positiva de la «alegría del amor», pero no elude los baches en el camino hacia una lograda vida en común. Tómenlo como lectura básica para cualquier tipo de preparación al matrimonio que merezca el nombre de catecumenado matrimonial. ¡No dejen de participar en cursos de preparación al matrimonio! Cuanto más exigentes sean, tanto mejor. Y estudien a fondo en pareja o con parejas amigas este libro. Como escribí en *Amoris laetitia*, «La danza hacia adelante con ese amor joven, la danza con esos ojos asombrados hacia la esperanza, no debe detenerse».

Atentamente,

Franciscus

Papa Francisco

¿Qué pueden hacer con este libro?

«El amor no pasará jamás» (1 Cor 13,8), dice la Biblia. ¿No contradice esto toda experiencia? En las redes sociales, el lapso que va de la primera cita a la separación es a menudo de solo un par de meses.

Ahora bien, quizá ustedes desean para ustedes mismos **un amor que no pase jamás.** Pero ese deseo está atravesado por dudas: dudas sobre ustedes mismos y sobre su capacidad de amar, dudas también sobre el otro. Y puede que alguien les haya dicho ya alguna vez «¡te amo!» y los dejara anonadados. Pero ¿son suficientes todos los hermosos sentimientos y todas las mariposas en el estómago para esta fuertísima promesa: «Me entrego a ti, y prometo serte fiel tanto en la prosperidad como en la adversidad, en la salud como en la enfermedad, amándote y respetándote durante toda mi vida»? Tal vez conocen a amigos que, simplemente, no logran vivirlo, o el matrimonio de sus padres ha fracasado, o se sienten abrumados por la forma en que los *influencers* tienen citas o por cómo se expresa el amor en una comedia romántica. Entonces, ¿será mejor no casarse?

* entre otras cosas, hacer malabares, utilizarlo como escalerilla, aprovecharlo para reparar muebles rotos o, si se tiene un ejemplar a mano en el momento, usarlo como paraguas.

No sois los únicos a quienes esta cuestión preocupa. El papa León XIV da la clave: «Entre todas las vocaciones, el matrimonio es una de las más nobles y elevadas». Del mismo modo, el papa Francisco apreciaba a los jóvenes; se conmovía ante los desafíos que deben afrontar y tenía una postura muy crítica frente a la propia Iglesia. Decía el papa Francisco: «No se puede definir como "preparación al matrimonio" a tres o cuatro conferencias en la parroquia; no, esta no es la preparación: esta es una falsa preparación». Por eso, el Santo Padre exigía: «Antes de recibir el sacramento del matrimonio es necesaria una cuidadosa preparación, diría un catecumenado, porque se juega toda la vida en el amor, y con el amor no se juega».

Desde el «Te amo»...

Pero ¿qué es un **«catecumenado»**? Traducido a palabras modernas podría decirse que es un cursillo o taller intensivo, una formación de alto nivel o también, quizá, un ejercicio de supervivencia. La palabra surgió en el cristianismo primitivo, cuando tenía un significado preciso. A los adultos que llegaban a la fe no se les ponía simplemente la etiqueta de «cristiano» en la frente, sino que se los incorporaba a un catecumenado para prepararlos de forma integral para el sacramento del bautismo a través de un proceso gradual. Se los acompañaba de forma intensiva y se los introducía paso a paso en una nueva vida. Al final de un camino con adquisición de muchos conocimientos venía la gran fiesta, la Vigilia Pascual: se sumergía literalmente a los catecúmenos en el agua bautismal. De esa forma se lavaba todo pasado y los nuevos bautizados emergían del agua con el regalo de Dios de una nueva vida. Así tienen que ir también las cosas con el matrimonio, pensó el Papa. ¡De forma muy diferente a como se hace hoy en día!

Este libro ha surgido de la fascinante exigencia del papa Francisco de un **catecumenado matrimonial**. Por lo tanto, su tema es el amor entre el varón y la mujer. En efecto, según la comprensión de la Iglesia, el sacramento del matrimonio solo pueden dárselo mutuamente un hombre y una mujer. Por eso, aquí no se tematizan otras formas de relación, por ejemplo, parejas homosexuales. Ni el mejor libro de preparación al matrimonio podrá reemplazar jamás lo que tiene que suceder en encuentros concretos, largas conversaciones, cursos y talleres intensivos de preparación al matrimonio. ¡No dejen de acudir a ellos! Pero antes y después van a necesitar silencio, compartir en pareja, diálogo, meditación, y algo para leer que agudice sus sentidos, dé alas a su espíritu, fortalezca su amor y haga que la decisión que tienen se torne segura desde Dios.

...hasta el «prometo serte fiel...

Cerca de mil preguntas y sugerencias de jóvenes de treinta países constituyen la base de este libro. Y también había jóvenes cuando un equipo de Youcat con sacerdotes, matrimonios y teólogos procuró dar respuestas fuertes a partir de la fe cristiana. Encontrarán sus fotos en las solapas interiores del libro. En esa labor nos ayudó en especial un documento del papa Francisco: *Amoris laetitia* (sobre el amor en la familia). Es magnífico y, quizá, ustedes también tendrían que leerlo íntegramente.

amándote y respetándote...»

¿Qué pueden hacer con este libro?

1 Pueden **leerlo solos**, y conocerse mejor a sí mismos. Si en un punto determinado descubren que algo del libro les llega, procuren intercambiar con una persona de confianza: «Oye, ¿qué piensas de esto?».

2 Pueden **leerlo en pareja**, de tanto en tanto abordar juntos otra pregunta y, en esas conversaciones, considerar la belleza, pero también las heridas del amor. «¿Dónde estamos nosotros? ¿Qué cosas no están claras aún? ¿A qué estamos dispuestos? Para la lectura de a dos encontrarán una ayuda especial: dirijan la cámara del celular al código QR de la derecha y accederán a los *flashes*. Sin pequeñas sorpresas digitales esparcidas por el libro en las que tienen a disposición complementos al libro en forma de historias breves o de pequeñas tareas… Se trata siempre de una ocasión para entrar en diálogo. ¡Déjense sorprender!

3 Pueden **leerlo en el grupo**. ¿No hay grupo? Entonces funden uno: seguramente conocen parejas que están en la misma situación que ustedes. Invítenlas, cocinen algo juntos y, después, traten una pregunta e intercambien sobre el tema. Seguramente en la comunidad parroquial también les van a prestar ayuda si forman un grupo más o menos numeroso. O también pueden invitar a la reunión a un sacerdote o a un matrimonio católico experimentado.

¿Qué les deseamos? ¡Alegría en el amor! Nosotros experimentamos alegría en luchar con amor durante años por este libro que ahora tienen delante.

PÁGINAS 18-43

Descubrir
**la riqueza
del amor**

1

Qué es
el amor
y cómo
podemos
comprenderlo

DIOS

Amar y ser amados… eso es aquello por lo cual vale la pena vivir. ¿Qué es lo que buscamos si no amor? La joven que capta la mirada furtiva de un joven atractivo se pregunta si en esa mirada podrá haber «amor». A él se le acelera la respiración, porque en el aire hay «amor»… el sentimiento más hermoso del mundo.

La única religión edificada en torno a la palabra «amor» es el cristianismo. Solamente aquí se encuentra la expresión «Dios es amor» (1 Jn 4,8). Solo en el cristianismo se dice: «El que permanece en el amor permanece en Dios y Dios permanece en él» (1 Jn 4,16). Aquí hasta se compara el amor de Dios por nosotros los seres humanos con el amor entre el varón y la mujer (cf. Cantar de los Cantares; Ef 5,25.31.32).

Pero seamos honestos: el amor puede fracasar. También entre cristianos. El amor puede convertirse en odio; la confianza incondicional puede terminar en abuso. Este libro está para que el gran amor no siga siendo un sueño sacado de películas románticas. Ustedes le formularon sus preguntas al amor y se las dirigieron a la Iglesia. En parte son preguntas incómodas,

ES

> Aprender a amar a alguien no es algo que se improvisa ni puede ser el objetivo de un breve curso previo a la celebración del matrimonio. En realidad, cada persona se prepara para el matrimonio desde su nacimiento. Todo lo que su familia le aportó debería permitirle aprender de la propia historia y capacitarle para un compromiso pleno y definitivo.
>
> **PAPA FRANCISCO,** AL 208

porque vivimos en un tiempo y en circunstancias en que el sexo desempeña un papel dominante y el amor lo tiene difícil.

El capítulo primero aborda preguntas fundamentales: ¿Qué es el amor, a fin de cuentas? ¿Qué papel desempeñan los sentimientos? ¿Por qué son tan diferentes los hombres y las mujeres? ¿En qué se diferencian la amistad y el amor? ¿Por qué hizo Dios que nos necesitáramos mutuamente? ¿Qué pasa con el placer? ¿Cómo es posible entregarse sin perderse?

La Iglesia no elude estas preguntas. En especial los papas Juan Pablo II, Benedicto XVI y Francisco reflexionaron de forma sumamente interesante sobre el amor. Lo que ellos tienen para decirnos es el hilo conductor de este libro. Se ha hecho para que una pareja joven que haya experimentado el encuentro en el amor pueda extraer todo el potencial de su vida en común. Y es una invitación a ambos a hacer lo mejor que existe: casarse. Y no secretamente en el bosque, sino públicamente, en presencia de los amigos y parientes, con una fiesta grande e inolvidable en la iglesia, con música, baile y una deliciosa comida.

¿Por qué tengo un anhelo tan grande?

Evidentemente, Dios nos ha hecho para el amor. Un anhelo insaciable forma parte de nuestro ADN como seres humanos. Ni psicológica ni emocional ni biológicamente podemos vivir solos. La sed apasionada de amor quiere sacarnos de la soledad. Toda forma de amor humano es ya una pregustación de la unión con Dios. Comienza en la tierra y no termina nunca más en el cielo.

All you need is love.

Título de una canción de The Beatles.

El amor nos embellece, nos purifica, nos santifica, es el fundamento de nuestra existencia y solo él puede darle sentido a nuestra vida.
MAURICIO Y JINA, España

Imagínate un cohete con combustible. Sin el combustible no podría elevarse al espacio. Con el anhelo de amor sucede como con el combustible de un cohete. Sin ese deseo no se nos ocurriría entregarlo todo por el otro, darle todo y recibir todo de él como don. Pero el cohete que encendemos con nuestro amor nos lleva más allá de todas nuestras limitaciones humanas. Y eso está bien, pues el anhelo de amor, de placer, de acogida y de paz que anida en nosotros es tan grande que nadie podría saciarlo de forma definitiva, ni siquiera el mejor esposo o la mejor esposa. «Nuestro corazón está inquieto» —dice san Agustín— «hasta que descanse en ti».

El amor es algo que ocurre sin más. ¿Qué es lo que hay que aprender al respecto?

Que uno se enamore, que uno se vuelva loco por el otro y que ambos tengan fuertes sentimientos el uno por el otro son todas cosas que se dan sin más. Los sentimientos son importantes. Pero el amor lo es más. El amor dice: ¡te quiero a ti! ¡Solo a ti! ¡Para siempre! En días buenos y malos. El amor —y eso sí que hay que aprenderlo— requiere la decisión activa de recorrer juntos un camino que excluye otros caminos. En ese camino ustedes se van a poder aceptar cada vez más el uno al otro con sus lados buenos y sus lados difíciles; sentirán asombro el uno por el otro, aprenderán el uno del otro, crecerán juntos...

Donde se trata del amor de tu vida, habría que dejar por un momento de lado las lentes rosadas. En la vida en común también se producirán crisis, vendrán dudas, tramos de sequedad, aventuras y pruebas. Detrás del «príncipe de los cuentos» y de la «mujer de los sueños» saldrá a relucir un ser humano con esquinas y aristas, que, aun así, ha de ser el regalo más hermoso de Dios para ti. Detrás de sus defectos y carencias descubrirás el resplandor del amor de Dios.

El amor ¿no es acaso algo muy fugaz? ¿Algo que viene y va, de una persona a otra?

En las películas y en las novelas románticas de la radio o la televisión el amor aparece a menudo como una sucesión de relaciones más o menos fugaces. Es verdad que los seres humanos son seducibles y débiles, pero no están programados para el cambio. Su anhelo es la fiabilidad, la fidelidad y el cobijamiento, y, con la ayuda de Dios, también son capaces de llegar a ser «una sola carne» (Gn 2,24) —y de seguirlo siendo toda una vida—. Tal como es bueno para ellos mismos y para sus hijos.

Hoy en día hay muchos biólogos, psicólogos y consejeros que enuncian razones «científicas» para fundamentar por qué el ser humano no puede ser fiel. Deberían explicar mejor por qué hay tantas parejas que celebran los aniversarios de sus 25, de sus 50 y hasta de sus 60 años de matrimonio. Mujeres y hombres quieren desarrollarse profesionalmente, etc., pero, aun así, los jóvenes que creen en el ideal de un amor para toda la vida tienen razón. No obstante, también deberían saber que el amor no puede edificarse solamente sobre sentimientos. Se requiere la fidelidad, también la fidelidad sexual. La fidelidad solo puede lograrse si forma parte de una cultura del amor. El amor es una decisión irrevocable. De lo contrario, no es amor.

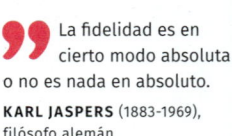

La fidelidad es en cierto modo absoluta o no es nada en absoluto.
KARL JASPERS (1883-1969), filósofo alemán

FLASH **1** LIGHT

¿Amar significa hacer lo que quiere el otro?

Amar significa hacer lo que corresponde al amor. El amor conyugal es sobre todo recíproco y significa siempre respetar al otro en su dignidad. «Sométanse los unos a los otros por consideración a Cristo» (Ef 5,21). Pero esto, precisamente, no es el sometimiento del uno a la dictadura del otro.

Desde luego que hay tiempos en los que tengo que hacer lo que no me agrada (como sacar la basura). Pero, entonces, hacemos eso por amor y para el bien de ambos.

BENEDICT Y ELIZABETH,
Reino Unido

El amor vive de una deferencia recíproca de ambos miembros de la pareja y de la profunda confianza en que el otro quiere lo mejor para mí y en que yo soy tan importante para él como él lo es para sí mismo. «Del mismo modo, los maridos deben amar a su mujer como a su propio cuerpo. El que ama a su esposa se ama a sí mismo» (Ef 5,28). El amor no es un asunto de poder. Si uno hace siempre lo que el otro quiere, en algún momento se sentirá como un felpudo o como un esclavo y mirará al otro como si fuera un soberano con dominio sobre él. Incluso en el amor, a veces hay que decir «no».

B 1 Jn 4,18; Ef 5,28
AL 92, 115, 156

B

«En el amor no hay lugar para el temor».

1 Jn 4,18

¿Hay acaso algo así como un amor desinteresado, o detrás de todo amor se esconde también un resto de egoísmo?

Claro que podemos alegrarnos si le regalamos algo a otra persona y cosechamos en respuesta su sonrisa. En la mayoría de los casos, nuestros motivos para hacer el bien son una mezcla. Y, desde luego, hay momentos en que surge de nosotros amor desinteresado, momentos en los que nos importa sobre todo el otro. Y es de esperar que esos momentos no se den solamente en Jesús o en sus seguidores más radicales, como la Madre Teresa o Maximiliano Kolbe, sino en toda historia de amor.

Santa **TERESA DE CALCUTA** (1910-1997), Madre Teresa, fue una religiosa albanesa y premio Nobel de la paz conocida por recoger a los moribundos de las calles de Calcuta y dedicarse con gran sacrificio a su cuidado.

En realidad, todo hijo debería experimentar con su madre la existencia de un amor desinteresado. Y toda madre o todo padre, al contemplar a su hijo, debería pensar: «Lo daría todo por que esta adorable criatura tenga vida y por que le vaya bien. Observen su propio comportamiento en la vida cotidiana: ustedes quieren que al otro le vaya bien. Y Dios nos ha hecho de tal modo que eso nos dé a nosotros mismos la mayor alegría.

San **MAXIMILIANO KOLBE** (1894-1941) fue un sacerdote franciscano polaco hecho prisionero en 1941 e internado en Auschwitz. Cuando vio que se iba a dar muerte a un padre de familia se ofreció voluntariamente a reemplazarlo y fue encerrado en la «celda del hambre», donde murió.

Por eso, es tan necesario promover el encuentro con la ternura de Dios, que valora y ama la historia de cada persona. No se trata de dar respuestas apresuradas a preguntas desafiantes, sino más bien de acercarnos a las personas, escucharlas, intentar comprender con ellas cómo afrontar las dificultades, estar dispuestos también a abrirnos, cuando sea necesario, a nuevos criterios de evaluación y diferentes maneras de actuar, porque cada generación es diferente y presenta sus propios desafíos, sueños e interrogantes.

PAPA LEÓN XIV, Mensaje a los participantes en el seminario «Evangelizar con las familias de hoy y de mañana».

FLASH **2** *LIGHT*

Para poder dar amor, en nuestra infancia deberíamos habernos bañado en un mar de amor. Pero quizá somos hijos de padres que no pudieron regalarnos ese baño de amor. Si alguien se siente insensible en lo afectivo y sufre por ello no debería considerarlo culpa propia, y menos aún si se trata de heridas de la infancia. En cambio, debería dejar que otras personas le regalen amor, exponer su corazón al sol de Dios y, después, intentar brindar siempre de nuevo «sol» a otras personas, aunque al hacerlo la experiencia en el plano de los sentimientos sea poca o nula. De ese modo se derrite desde el exterior la coraza que quizá nosotros mismos no podemos romper desde dentro.

¿Por qué hay personas a las que el «amor» las deja indiferentes?

No.

" Sonríe, y el mundo te devolverá la sonrisa.
LUC SERAFIN (*1953), autor alemán

Hay personas que no han conocido nunca el amor, no lo han sentido y, por eso, no creen en él. Quizá han sufrido un trauma, han sido duramente rechazadas, utilizadas, decepcionadas, quizá incluso hechas víctimas de abuso, de modo que su decisión de no abrirse ya al amor es comprensible. Para ellas, el riesgo de exponerse a una nueva herida supera sus fuerzas. Algunas heridas pueden superarse mediante el amor o sanar en la oración. Las heridas que no dejan de abrirse siempre de nuevo y obstaculizan la vida habría que considerarlas con un acompañante espiritual o con un buen terapeuta.

Si uno se mantiene lejos del amor, tampoco se ve lastimado: nunca sufrirá penas del corazón, pero tampoco experimentará la belleza del amor.
LEONORA, Portugal

La Biblia habla solamente de varón y mujer. ¿Es que no puedo determinar mi sexo por mí mismo?

No solamente la Biblia, sino también la biología conoce solamente dos sexos. Cada célula de la mujer contiene (aparte de 44 cromosomas iguales en ambos sexos) dos cromosomas X. Las células del varón contienen un cromosoma X y un cromosoma Y. De modo que el sexo no es una cualidad que solo deba determinarse o elegirse *a posteriori* por uno mismo. Desde luego, en la naturaleza también se dan desviaciones, pero eso no es motivo para hablar de más de dos sexos.

Tampoco en el caso de variantes o trastornos innatos en el desarrollo sexual («disorders of sex development», síndrome DSD o intersexualidad) puede encontrarse otra forma de célula germinativa aparte de estas dos. Por esa razón no existe un «abanico de muchos distintos sexos», sino solo una binaridad de sexo masculino y femenino dentro de la cual hay variantes, pero no más allá de los dos sexos. El hecho de que haya personas a las que de forma temporal les resulta parcial o hasta completamente imposible identificarse en su psique con el sexo de su cuerpo (disforia de género) no significa que estén presas en un «cuerpo erróneo» (transgénero) y necesiten una «transformación» sexual (transexualidad). Diferentes motivos psíquicos y sociales pueden ser el desencadenante de tales circunstancias. Puede depender de que personas jóvenes no soporten la presión de tener que corresponder a un ideal social externo de «masculino» o «femenino» («Entonces, lo mejor será que me convierta ya en un varón/una mujer»). El motivo puede estar

también en una combinación de trastorno del desarrollo, depresión y otras dificultades psíquicas o ser consecuencia de abuso sexual. Esto hay que aclararlo a fondo a nivel médico. Desde el punto de vista pastoral se puede apoyar a las personas a aceptarse a sí mismas con el cuerpo que Dios les ha regalado y con sus dotes psíquicas y espirituales especiales como un individuo único e irrepetible amado por Dios.

¿Qué es lo que hace varón a un varón? Y ¿qué es lo que hace mujer a una mujer?

Ni la ropa ni las atribuciones tradicionales de roles hacen varones a los varones ni mujeres a las mujeres. Hay varones magníficos con rasgos femeninos y mujeres maravillosas con cualidades «masculinas». No obstante, solo hijos varones pueden llegar a ser padres, y solo hijas mujeres pueden llegar a ser madres. En lo profundo de nuestro cuerpo y de nuestra biología hay algo inscrito que nos ayuda a vivir y a amar, a recibir y a dar. A menudo decimos más tarde: «Ella tuvo una madre maravillosa» o «Lamentablemente, él no tuvo un padre como se debe…». En el amor recíproco entre el varón y la mujer ambos pueden desarrollarse de un modo que es bueno para ambos y para la felicidad de sus hijos.

Existe un orgullo positivo en ser un varón de verdad, una mujer de verdad y en ser reconocidos, deseados y amados por el otro sexo precisamente por eso: porque en ello se pone de manifiesto en mí algo que me ha sido regalado por Dios para que yo lo aporte de forma creativa en el amor. Las mujeres suelen ser mejores en comunicación o empatía; cuando aparece un recién nacido, las mujeres hacen todo lo posible por empatizar con ese ser que aún no tiene habla. El varón lo ve, es feliz y le encanta ser el protector y sustentador de esa tierna comunión entre madre e hijo.

¡Cuántas mujeres han sido y son todavía más tenidas en cuenta por su aspecto físico que por su competencia, profesionalidad, capacidad intelectual, riqueza de su sensibilidad y, en definitiva, por la dignidad misma de su ser!

SAN JUAN PABLO II, PAPA (1920-2005), primer Papa polaco

B Gn 1,27-28 **CCE** 2332-2333 **Y** 400 **AL** 1, 9-13, 56, 285, 286

Es desde el amor desde donde los cristianos comprendemos lo que son el varón y la mujer. «Dios es amor» (1 Jn 4,8). ¿Cómo es el amor? Nunca se encierra en sí mismo; es rico, generoso, exuberante. Si decimos que Dios creó el mundo porque lo ama, entonces decimos que proviene del desbordante amor de Dios. El varón y la mujer son la combinación perfecta para que el amor celestial de Dios siga fluyendo en la tierra. Aun cuando no sean tan buenos en el amor como lo es Dios, los matrimonios que mantienen toda una vida su promesa hacen visible el amor de Dios. Tienen hijos y, de ese modo, llegan incluso a actuar de forma creadora. Transmitir la sobreabundancia del amor de Dios: eso es amar.

¿Cuál es la imagen cristiana del varón y de la mujer?

El varón y la mujer tienen exactamente la misma dignidad. Son distintos, pero han sido creados de forma genial el uno para el otro. A través de sus diferencias se atraen el uno al otro. Cuando el varón y la mujer están unidos en el amor y se apoyan mutuamente, realizan un trozo de cielo en la tierra. Dios hasta ha dignificado el amor del varón y la mujer a través de un sacramento, es decir, un signo sagrado y un lugar en el que el mundo destrozado vuelve a estar más íntegro. Pero, en principio, todo ser humano está llamado a reflejar el amor de Dios, sea varón o mujer, sea casado o soltero.

B Dios dijo: «Hagamos al hombre a nuestra imagen, según nuestra semejanza [...]». Dios miró todo lo que había hecho, y vio que era muy bueno.

Gn 1,26.31

B Gn 1–2; Sal 139 **CCE** 371, 2334 **Y** 64 **AL** 10, 11

La imagen bíblica de varón y mujer ¿no implica acaso un desprecio de la mujer?

Esa es la imagen que transmiten algunos pasajes bíblicos. Indudablemente, la Biblia surgió en una cultura en la que existía una subordinación de las mujeres respecto de los hombres. Con razón vemos hoy eso con ojos bastante críticos. Por otro lado, la Biblia debe leerse en su totalidad y en coincidencia con la doctrina de la Iglesia, cuya tarea es conservar e interpretar la palabra de Dios. Ya en la primera página de la Biblia tiene lugar una ruptura cultural. En efecto, leemos allí que las mujeres son «imagen y semejanza de Dios» al igual que los hombres. Según eso, no debería haber actos misóginos. Sin embargo, casi como en todas las demás culturas que rodeaban a Israel, las mujeres eran tratadas como seres humanos de segunda categoría. Sin embargo, Jesús trató a las mujeres de una manera nueva: con respeto, estima, amor y amistad en pie de igualdad. Hasta el día de hoy tenemos que seguir aprendiendo de Jesús.

El menosprecio de las mujeres es un problema antiquísimo de la humanidad. En el Antiguo Testamento se describe la opresión de la mujer por el varón como una consecuencia del pecado original (Gn 3,16). Jesús condenó todas las actitudes y leyes que postergan a las mujeres en su dignidad (cf. Mt 19,3-12). Por primera vez en toda la historia de las religiones se coloca a la mujer en el matrimonio a la misma altura que el varón. En la comprensión que Jesús tiene del matrimonio la mujer está protegida frente al sojuzgamiento por el varón. En la Carta a los Efesios se invita a hombres y mujeres a abandonar los juegos de poder y a subordinarse a Dios en el encuentro con el cónyuge: «Sométanse los unos a los otros por consideración a Cristo» (Ef 5,21). Aun así, cuando se habla de que la mujer debe ser dócil a su marido «como al Cristo» suele pasarse por alto que los varones deben amar a sus mujeres «como a su propio cuerpo» (Ef 5,28). Juan Pablo II dice expresamente en *Mulieris dignitatem* n. 24 que en estos pasajes no se debe pensar en un orden jerárquico de los sexos.

El amor excluye todo género de sumisión, en virtud de la cual la mujer se convertiría en sierva o esclava del marido, objeto de sumisión unilateral. El amor ciertamente hace que simultáneamente también el marido esté sujeto a la mujer, y sometido en esto al Señor mismo, igual que la mujer al marido.
SAN JUAN PABLO II, PAPA

B Gn 1,27 **CCE** 371, 2334 **Y** 64 **AL** 10, 11 **FC** 11

¿Sienten y actúan de forma diferente el varón y la mujer en la sexualidad? ¿Por qué?

Sí. En general puede observarse que los varones se orientan más directamente hacia una experiencia de placer, mientras que las mujeres desean que la unión sexual se desarrolle en un marco de tiempo, de ternura y de aceptación humana integral. Es importante que las parejas no se limiten a «hacer el amor» para buscar entre los dos la satisfacción de su propio deseo sexual. Al dar y tomar, brindar y recibir, el hombre y la mujer pueden olvidarse de sí mismos a fin de fundirse física y emocionalmente en una unidad: dos cuerpos, pero, por un momento maravilloso, un solo corazón y una sola alma.

El varón y la mujer han sido creados por Dios el uno para el otro, también en cuanto a su sexualidad. Cada ser humano experimenta la sexualidad de manera individual. A ambos sexos les importa la satisfacción de su profunda necesidad emocional, así como la alegría de cada uno en el otro y con el otro. El varón lo busca más en una experiencia sexual puntual, en la que se siente deseado y confirmado por su mujer. Su deseo físico se excita con rapidez y también se satisface con rapidez. Los varones experimentan la sexualidad sobre todo corporalmente; son especialmente receptivos para los estímulos visuales. Para la mujer es sobre todo la cercanía emocional y llena de confianza la que constituye la base de una sexualidad plenificante y de su propia entrega. Ella experimenta su sexualidad de forma integral y abarcadora, tanto en el plano emocional como en el corporal. En ella la alegría plenificante por la sexualidad solo puede desarrollarse en un ámbito de confianza en el que pueda soltarse. Tanto para los varones como para las mujeres es importante involucrarse en un proceso recíproco de aprendizaje de la ternura.

¿Es sexo lo mismo que amor? ¿Se puede «hacer el amor»?

El sexo debería ser expresión de amor, cosa que, lamentablemente, a menudo no es. A la inversa, el amor es más que el sexo y tampoco tiene que ver siempre con lo sexual. A veces la renuncia al sexo puede ser hasta un signo más grande de amor que la satisfacción inmediata de los deseos instintivos. El sexo debería ser la coronación de una historia de amor que ambos desean que no acabe jamás, y no un acto trivial realizado en muchas ocasiones y entre cuerpos intercambiables.

El papa Francisco dice acerca de la sexualidad que es un lenguaje interpersonal (AL 151). Este lenguaje del cuerpo es la expresión más íntima del amor entre el varón y la mujer. Pero si lo que lleva a dos personas a la cama no es amor, ¿qué es, entonces? Ciertamente es una suerte de mentira, una mentira corporal, una entrega con reservas, una ternura que no tiene en la intención lo mismo que expresa en caricias y mimos. «Hacer el amor» —una expresión tonta— puede ser un asunto puramente corporal en el que realmente no se llega a convertirse en una unidad, sino que cada cual busca solamente cómo saca su propio provecho. En ese caso, el lenguaje del cuerpo y el lenguaje del corazón se contradicen. Que alguien te desee eróticamente no significa en todos los casos que esté dispuesto o dispuesta a entregarse a ti por entero, con todas las consecuencias. De esa manera se producen heridas profundas en el ámbito del amor, heridas que a veces duran toda la vida.

Tener relaciones sexuales simplemente por instinto y luego esperar que las cosas ya funcionen de alguna manera con el amor es como subirse a un coche sin frenos. En dos de cada tres casos uno termina estampándose contra la pared.

DERICK, India

B Col 3,5-12 **CCE** 2361 **Y** 403 **AL** 151 **DC** 5

¿Por qué la Iglesia se inmiscuye en nuestra sexualidad?

No hay ningún ámbito en el que Dios no tenga nada que decir. Y eso especialmente donde algo te toca tan profundamente, como en la sexualidad. «Dios es amor» (1 Jn 4,8). Durante milenios la Iglesia ha estado descifrando cómo ha pensado Dios el amor, y no siempre lo ha logrado igual de bien. En ocasiones hasta anidaron en la Iglesia corrientes hostiles al cuerpo. Hoy la Iglesia subraya que el amor corporal es también un camino por el que los seres humanos pueden llegar a ser felices de manera integral, o sea, con cuerpo y alma. La Iglesia no debe callar nunca lo que le fue transmitido en la palabra de Dios acerca del amor verdadero.

El mismo Jesús se comparó con un pastor que conduce a sus ovejas a buenos pastos. Él le confirió a Pedro la misión de continuar esa misión. Eso se sigue aplicando también hoy al Papa y a los obispos y más aún a los verdaderos expertos: los matrimonios cristianos, que hablan de su propia experiencia. La Iglesia cometería una falta si no ayudara a los jóvenes cristianos a encontrar un camino a través de la jungla de sus sentimientos y los dejara solos en un mundo de adicciones, de promesas traicionadas, de vidas por nacer destruidas y de abuso, que, desgraciadamente, también es una realidad en la Iglesia. Y más importante aún es que la Iglesia enseña a amar el cuerpo e invita a los cristianos a estar agradecidos por el don arrebatador del amor erótico.

Entonces, de ninguna manera podemos entender la dimensión erótica del amor como un mal permitido o como un peso a tolerar por el bien de la familia, sino como don de Dios que embellece el encuentro de los esposos. Siendo una pasión sublimada por un amor que admira la dignidad del otro, llega a ser una «plena y limpísima afirmación amorosa», que nos muestra de qué maravillas es capaz el corazón humano y así, por un momento, «se siente que la existencia humana ha sido un éxito».

PAPA FRANCISCO, AL 152

¿Por qué no debería tener sexo simplemente con quien yo quiera?

Desde la denominada «revolución sexual» existe una campaña de desamor: puedes separar el sexo del amor. ¿Qué resulta de allí? Sexo como un acuerdo entre personas afines; sexo como un negocio; sexo como un servicio; sexo por lástima; sexo como un relleno; sexo como una terapia; sexo como un juego; sexo como un derecho. ¡Todo erróneo! El sexo y el amor forman una unidad como el cuerpo y el alma. Sexo sin amor no es solamente un sinsentido, sino que es también un pecado.

Lo que hacemos con nuestro cuerpo es expresión de lo que hay en nuestro interior. El hecho de que te quiero o no te quiero lo expreso a través de mi cuerpo. Te digo algo agradable o te ofendo, te regalo una flor o te niego hasta la mirada. Por eso, la relación sexual tiene también un significado que trasciende lo puramente corporal. Del mismo modo como a un desconocido le estrecho a lo sumo la mano, pero no lo abrazo, así también es bueno tener sexo exclusivamente con aquella persona con la que estoy unido en lo profundo de mi ser, más aún, con la que estoy unido de forma definitiva.

Quien no se decide a querer para siempre, es difícil que pueda amar de veras un solo día.
SAN JUAN PABLO II, PAPA

B Mt 5,28; 1 Cor 6,15-18 **CCE** 2390 **Y** 407 **AL** 53, 153 **DC** 5 **HV** 12

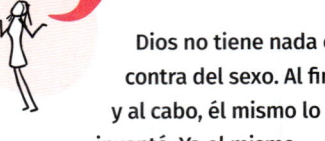

¿Dios tiene algo en contra del sexo?

Dios no tiene nada en contra del sexo. Al fin y al cabo, él mismo lo inventó. Ya el mismo placer que experimenta una persona con la otra lo considera Dios realmente bueno. Él hizo al varón y a la mujer el uno para el otro, para la vida y el amor, y, por tanto, también para la apasionada alegría de uno por el otro en la relación sexual. Pero quien utiliza a la otra persona porque busca una emoción rápida está abusando de ella como medio para un fin. Y se contenta con **comida rápida** cuando Dios lo ha invitado a un restaurante con estrellas.

Dios inventó el sexo: es decir, el sexo es algo totalmente natural. Pero Dios no quiere que abusemos de nuestra libertad sexual. Y tampoco quiere que el impulso sexual nos conduzca a la esclavitud del pecado.
JOHNPAUL, Nigeria

Hay dos cosas en las que puedes percibir la alta valoración que tiene Dios del sexo:

1. El sexo une a dos seres humanos con cuerpo y alma: quizá más profundamente de lo que ustedes piensan. Tras veinte segundos de ternura el cuerpo cree que ustedes están unidos para siempre: libera oxitocina, también llamada hormona de la vinculación. Y el alma lo registra.
2. De ningún otro encuentro puede surgir algo tan bueno como un pequeño ser humano.

" Todo lo que facilita el encuentro sexual también favorece su caída en la carencia total de sentido y de valor.
PAUL RICŒUR (1913-2005), filósofo francés

¿Por qué el sexo tiene dos caras, una bonita y otra fea?

Porque el sexo nunca es neutral. Somos seres humanos y tenemos que escoger entre el amor y el egoísmo. Desde la expresión del amor puro, pasando por un «negocio» de común acuerdo hasta el peor de los abusos, todo es posible dentro de él.

Tú tienes una expectativa enorme asociada al sexo. ¡Y con razón! Sin embargo, te puede suceder que, después del sexo, te quedes vacío, vacía, avergonzado, avergonzada, o incluso herido, herida. Todo depende de que comprendas qué significa dormir con otra persona. La cabeza les dice: quisiéramos disfrutar el momento en común, o solamente queremos un poco de diversión. Pero el cuerpo hace con ustedes algo completamente distinto: ya a los veinte segundos libera todo un cóctel de oxitocina.

El sexo no es ningún juego, sino la unión humana más profunda que existe. A ello se agrega que del sexo hasta puede surgir un hijo. El sexo y el amor comprometido forman una unidad inseparable, si es que las cosas han de llegar a ser hermosas del todo.

El sexo conduce siempre a que surja un lazo con la otra persona, lo quieras o no.
LETICIA, Suiza

En esta época se vuelve muy riesgoso que la sexualidad también sea poseída por el espíritu venenoso del «usa y tira». El cuerpo del otro es con frecuencia manipulado, como una cosa que se retiene mientras brinda satisfacción y se desprecia cuando pierde atractivo.
PAPA FRANCISCO, AL 153

¿El sexo tiene también una dimensión espiritual?

El sexo puede carecer de espíritu o estar lleno de espíritu, es decir, ser espiritual. El encuentro sexual, en el que nos entregamos al otro con cuerpo, alma y espíritu, puede regalarnos un atisbo de Dios. En el fluir de la excitación, en la que todo se conjuga y los límites se difuminan, se nos regala un vislumbre de las profundidades últimas de la realidad: de Dios, que es fuego viviente eterno, amor sin límites y entrega total.

«¿Es sucio el sexo? Solo si se lo hace bien». No solamente Woody Allen, sino muchos piensan de ese modo. Creen que la verdadera diversión en el sexo consiste en superar la vergüenza, en aventuras, transgresiones, humillaciones y exploraciones egoístas de los abismos de la sensualidad. El que quiera tener sexo sucio se ensuciará a sí mismo y ensuciará a otros y nunca avanzará hasta la dimensión espiritual de la unión sexual. ¿Es espiritual el sexo? Solo si se hace bien.

El sexo en el matrimonio es una experiencia corporal, pero también una experiencia extracorporal, un toque de Dios, del amor mismo.

GREGORY, Malasia

SEXO SUCIO BIEN HECHO

B Ef 5 **CCE** 1604 **AL** 10, 11, 121, 142 **DC** 5

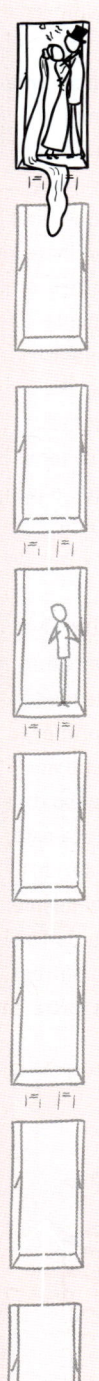

¿Hace falta amor para casarse?

Hay mil razones para casarse, pero solo una que cuenta: el amor. En realidad, sin un profundo amor que provenga del corazón uno no debe casarse, por tentador que pueda parecer el comenzar una vida en común. El amor no es ningún lujo ni un aditamento secundario; el amor es la razón, el sentido y el fin de un matrimonio.

A nadie se le ocurriría afirmar que el agua es un lujo. El ser humano necesita agua para poder vivir. Del mismo modo, tampoco el amor es un lujo; sin él los seres humanos no pueden desarrollarse realmente. Un matrimonio sin amor es como una tierra sin agua: nada puede crecer de verdad. Y, sin embargo, algunos se casan para ser mantenidos o porque ya no quieren seguir estando solos, otros porque el reloj biológico corre, otros porque las familias han negociado un buen trato, porque aporta ventajas materiales, porque quieren casarse ventajosamente o porque se está orgulloso de una conquista de la que se quiere presumir… Lo dicho no quiere despertar miedo, sino dar que pensar. «Por ello, el que vaya a atarse para siempre, ¡que pruebe antes…!» (Friedrich Schiller).

La «teología del cuerpo» se la debemos a un joven sacerdote polaco que emprendía en el verano excursiones de canotaje con sus estudiantes y que mantenía con ellos largas conversaciones vespertinas sobre el amor. Karol Wojtyła —tal el nombre del joven sacerdote— era un filósofo de gran talento. Nadie sospechaba que ese hombre, que reflexionaba tan profundamente con jóvenes sobre lo que Dios pensó realmente cuando creó al varón y a la mujer a su imagen y semejanza y con un anhelo infinito de amor, se convertiría en 1978 en el papa Juan Pablo II. Esos pensamientos, que cobraron una primera forma junto a las hogueras de campamento a orillas del pequeño río Krutyna, en Polonia, las consignó finalmente san Juan Pablo II en 129 conferencias y en más de 800 páginas. Nunca un Papa escribió más sobre un único tema. Y tampoco fuera de la Iglesia ha habido un pensador que haya escrito de forma tan sistemática como él sobre el tema de la sexualidad.

Todo comienza con el amor. La esencia más íntima de Dios es regalarse por amor. Por eso, también el varón y la mujer están llamados a convertirse en regalo el uno para el otro. De modo que el sentido del cuerpo y de la sexualidad no es en primer término el placer o la procreación, sino el **«regalarse uno mismo»**. Debes llegar a ser completamente uno con tu esposo o tu esposa, el amor de tu vida. Para el ser humano, la entrega está, por decirlo así, inscrita en el cuerpo. El que aprende a ser un regalo para el otro hace feliz al otro y llega a ser feliz él mismo. Cuando el varón y la mujer se aman mutuamente de verdad se convierten en un signo del amor, de la fidelidad y de la entrega de Dios. En su unión sexual traducen ese amor de Dios hasta en el lenguaje de su carne.

Juan Pablo II reflexionó ampliamente sobre el hecho de que Dios, que es todo espíritu, se hizo «carne»: Jesucristo, hombre verdadero. En efecto, eso significa que hizo de

... del cuerpo

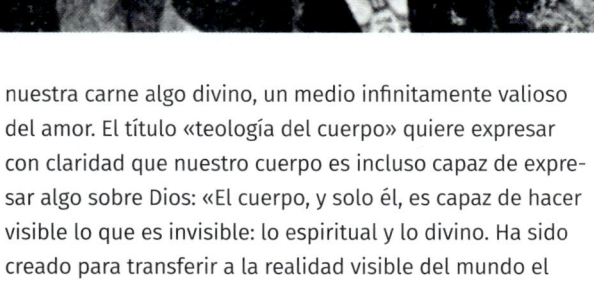

nuestra carne algo divino, un medio infinitamente valioso del amor. El título «teología del cuerpo» quiere expresar con claridad que nuestro cuerpo es incluso capaz de expresar algo sobre Dios: «El cuerpo, y solo él, es capaz de hacer visible lo que es invisible: lo espiritual y lo divino. Ha sido creado para transferir a la realidad visible del mundo el misterio escondido desde la eternidad en Dios, y ser así su signo». La teología del cuerpo medita sobre el modo en que Dios ha querido hacernos felices con piel y cabello, con cabeza y corazón, con cuerpo y alma, y ello en el cielo y en la tierra.

¿Puede Dios exigir a los sacerdotes y religiosos una vida sin amor?

No. Dios no exige de ninguna persona una vida sin amor o fuera del amor. Si un hombre o una mujer tiene una vocación de parte de Dios, los está llamando el amor. La respuesta solo puede ser amor, y la historia de esa persona solo puede ser una historia de amor. Renunciar voluntariamente al matrimonio, a la familia y al sexo es un gran signo de la prioridad de Dios, por quien vale la pena darlo todo. Y es una indicación importante para todos los que anhelan tener a una persona a su lado, pero no alcanzan en la tierra el cumplimiento de su profundo anhelo.

No raras veces los sacerdotes y religiosos atraviesan por períodos de oscuridad en la forma de vida que escogieron voluntariamente: soledad, incomprensión, el desprecio de los demás. En esos casos puede volverse acuciante el anhelo de cercanía e intimidad humana. Lo que ellos necesitan de forma especial en períodos semejantes son buenos amigos que permanezcan a su lado, que los fortalezcan y que emprendan con ellos cosas totalmente normales como, por ejemplo, ir a un bar o al cine. Lo que no necesitan es una exaltación e idealización erróneas de su vocación. Y menos aún necesitan el pretencioso juicio de que es imposible vivir el celibato. Pero la vida compartida en la fe y la auténtica valoración de todas las formas de entrega son una gran ayuda.

Una persona célibe no es un soltero. Se casa con la Iglesia. Tiene personas a las que ha de amar.

CARLOS, España

B 1 Mt 19,12 **CCE** 1579, 1599 **Y** 258 **AL** 158-162

¿Con qué fin necesito a Dios para el amor?

Necesitas a Dios para el amor cuando tus fuerzas para amar están agotadas. Necesitas a Dios para el amor cuando te hieren y solo no tienes la fuerza para la reconciliación. Necesitas a Dios para el amor cuando personas que están cerca de ti te decepcionan. Necesitas a Dios para el amor porque un ser humano no puede ser tu dios. Significaría para él una sobreexigencia ser el garante de tu felicidad. Y una mujer podrá ser amable, pero no debes adorarla. Puede darte alegría, pero no te redime. Solo Dios es él mismo el amor (1 Jn 4,8) que a menudo no tenemos y el cumplimiento de todos nuestros anhelos de ser amados, de llegar a ser felices y de ser redimidos. Y si Dios no existiera... no tendrías a nadie a quien decirle «gracias».

Nadie puede dar lo que no tiene. Si tengo solo diez dólares, pero mi amigo necesita urgentemente 500, difícilmente nos sirvan de ayuda. Recibirá solamente mis últimos dólares y yo me quedaré en la ruina. Así sucede también con el amor. Sin acceso al banco de Dios, donde puedo retirar amor sin límite, el amor se me acaba pronto.

B El que permanece en mí, y yo en él, da mucho fruto, porque separados de mí, nada pueden hacer.
Jn 15,5

❝❞ Oh tú, omnipotente y bueno, que así cuidas de cada uno de nosotros, como si de él solo cuidases, y así cuidas de todos como de cada uno.
SAN AGUSTÍN (354-430), doctor de la Iglesia

Ponte
en forma

PÁGINAS 44-85

CAPÍTULO

2

**Cómo reconozco
el amor
y cómo
le respondo**

Quien considere la Biblia como un libro aburrido no ha leído nunca el Cantar de los Cantares. Sus páginas crepitan propiamente de tensión erótica. Se trata de una mujer y un hombre jóvenes que casi no resisten ya el anhelo que sienten el uno por el otro. El joven describe con imágenes poéticas a la mujer de sus sueños: «¡Qué hermosa eres, amada mía, qué hermosa eres!» (Cant 1,15). También la joven experimenta un entusiasmo arrebatador al pensar en su amado: «Sus cabellos son ramas de palmera, negros como un cuervo» (Cant 5,11).

Es un gran momento en la vida cuando alguien descubre que, de alguna manera, no está completo como individuo y que le falta exactamente la segunda mitad para estar «entero». Aquí es donde entra en juego lo erótico. Es el combustible que impulsa al varón y a la mujer el uno hacia el otro. Pero, a menudo, al mismo tiempo es el momento en que las personas jóvenes se alejan de Dios y de la Iglesia. O sexo o Dios, piensan, y se imaginan a Dios completamente ajeno al sexo.

Pero Dios no es así. Muchos cristianos se sintieron muy impresionados cuando el papa Benedicto habló una vez del «eros de Dios». En efecto, Dios nos. ama apasionadamente:

¡QUÉ HERMOSA ERES, AMADA MÍA!

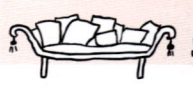

TUS OJOS SON PALOMAS.

CANT 4,1

está loco de amor por nosotros, de una forma que no difiere mucho del modo en que una joven está loca por el hombre ideal. Y es verdad: Dios sabe cómo funcionan las cosas en el amor. Cuando amamos nos parecemos a Dios. Él es el prototipo; nosotros, la imagen. Solo así funciona el amor. «El modo de amar de Dios se convierte en la medida del amor humano», dice el papa Benedicto XVI. Por lo tanto, la pregunta decisiva es: ¿cómo ama Dios? Dicho en una palabra: apasionadamente. Ama de forma exclusiva (es decir, pensando precisamente en mí). Sin requisitos previos. Perdonando las faltas. De forma duradera y sin fin. ¿Podemos amar de ese modo a otra persona? ¡Con la ayuda de Dios, sí!

Este capítulo trata sobre lo que hay que hacer cuando en el horizonte aparece el gran amor. Digámoslo en el lenguaje poético de la Biblia: Hazlo «como un esposo que se ajusta la diadema y como una esposa que se adorna con sus joyas» (Is 61,10). Ordena tus cosas. Deshazte de todo lo que te impide amar. ¡Vence tu miedo a entregarte! Libérate de falsas dependencias y adicciones. ¡Déjate contemplar! Cura las heridas de la infancia. Ponte en forma: ¡Purifícate para el amor y embellécete para la fiesta de todas las fiestas!

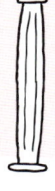

Encuéntrate contigo mismo como con un amigo. Tómate tiempo para ti. Experiméntate conscientemente en la vida cotidiana, pero especialmente en situaciones límite. Percibe lo que te mueve, lo que sientes y cómo tratas a los demás. Sé valiente y muéstrate tal como eres. Aun cuando descubras en ti aspectos que no te agradan, regístralos y no mires para otro lado. Nunca te conocerás por entero. Solo Dios sabe quién eres realmente. Él no te quiere solamente si eres perfecto. Una persona que te quiera también te ayudará a comprenderte. Puedes ser tú mismo y, del mismo modo, puedes crecer y desarrollarte.

¿Cómo puedo descubrir quién soy realmente?

> A pesar de que se acusa a los hombres de no conocer su propia flaqueza, quizá igual de pocos conozcan su propia fuerza. En los hombres, como en la tierra, en ocasiones hay una veta de oro cuya existencia desconocía el propio dueño.
>
> **JONATHAN SWIFT** (1667-1745), escritor irlandés

Para adquirir confianza en ti mismo es realmente bueno contemplarte con los ojos de un amigo. ¿Cómo te describiría él? ¿Qué talentos y dones percibiría en ti? Pero también puedes reflexionar sobre vivencias del pasado y preguntarte qué te enseñan sobre ti mismo. ¿Qué experiencias te dan más vida? ¿Qué cosas te interesan? ¿Por qué metas luchas? ¿Qué cosas te han herido? ¿Cuándo fue la última vez que reíste de verdad? ¿Con quién te comparas a menudo y por qué? Llevar un diario suele ser una herramienta valiosa para ayudarte a registrar tus percepciones y poder acercarte a otras personas con serenidad y paz interior.

Quizá hay un pensamiento en tu corazón en el que te dices: no soy lo suficientemente bella o bello, lo suficientemente buena o bueno. ¿Has intentado ser alguien distinto? ¿Querías ganarte el amor de otros? ¿Le has dicho incluso a Dios, al final: «Conmigo has cometido un error. No estoy a la altura. No valgo para ser amado»? Eso es mentira. En Jesús puedes reconocer cuán locamente te ama Dios. Él lo da todo por ti. Y hasta quiere pasar toda la eternidad contigo.

¿Cómo puedo aprender a aceptarme y a amarme a mí mismo?

A veces no nos queremos porque tenemos costumbres que consideramos malas y por las cuales nos condenamos: haraganería, comida basura, tabaquismo, alcohol, pornografía...

JUAN DANIEL Y LUCÍA, España

A Dios le agrada que te trates con amor, con estima y benevolencia. Tómate tiempo para ti mismo y para las cosas que te hacen bien. Por ejemplo, para un paseo por la naturaleza, para una tarde de juego con tus amigos, para leer un buen libro, para el deporte, la música, etc. Refuerza tus lados fuertes, tus capacidades y talentos. Pregúntate: ¿Qué puedo hacer para dar más espacio a esas cosas en mi vida cotidiana? Si solamente luchas para eliminar tus debilidades, te costará muchísima energía y, quizá, al final sentirás que no eres más que mediocre. Empieza por lo positivo. Y pide a tus amigos y amigas que te den su opinión. Nuestros talentos suelen ser mucho más visibles para ellos que para nosotros mismos. Y ten siempre presente: tú puedes ser tal como eres. Tan loco, tan único, tan increíble como solo tú puedes serlo.

¿Hay un camino que sea el único correcto para mí?

Todo camino que recorremos con Dios es un camino correcto. Dios nos ha creado para la libertad y no como marionetas en una pieza de teatro divino. Nos regala encuentros y nos ofrece vida. No estamos atados a un camino determinado hacia el amor y hacia la felicidad. Podemos y debemos tomar decisiones propias. Aun cuando nos metamos por caminos erróneos o por rodeos, Dios no nos retira su simpatía. Él sigue estando siempre a nuestro alcance.

Jesús ha venido para que tengamos vida y la tengamos en abundancia (Jn 10,10). Él quiere nuestra felicidad. Al hacerlo no nos impone nada, pero se hace notar. Por ejemplo, te estás inclinando hacia una decisión determinada y una voz suave se hace oír en tu interior que no te deja en paz. O bien, te encaminas en una dirección determinada y, al hacerlo, te sientes alegre y tranquilo. Prestar oídos a las suaves señales de Dios es indispensable tanto en la vida cotidiana como en la elección de los estudios o de la profesión, en la elección del futuro cónyuge o en una vocación espiritual o religiosa. Pero hay personas que nunca se atreven a nada por temor a tomar una decisión equivocada. ¡Ponte en camino... y presta atención a las señales!

Conozco a alguien que ya desde la niñez o desde la adolescencia rezó por una buena esposa. Después se casó conmigo.

MICHAELA, Alemania

B Dt 30,19; Sal 143,10; Jr 29,11; Jn 10,10 **CCE** 302-305 **Y** 49 **CV** 170, 248, 250

Me siento solo en la fe. ¿Qué puedo hacer?

Dios es muy importante para ti. Otros no lo entienden. Te consideran una persona rara, singular. Quizá ni siquiera te entiende la persona a la que amas y con la que quisieras compartir tu vida. Vivir tu fe en total soledad es un auténtico desafío. Sea que tengas que caminar primero en soledad o que lo logren juntos, ¡no se cansen de buscar personas que compartan su fe!, sea en la parroquia, en un movimiento espiritual o en el entorno de una comunidad religiosa. En especial si quieren llegar bien preparados al matrimonio y descubrir conscientemente cómo Dios completa su amor es útil anclarse más profundamente en la fe junto con otros.

¿Dónde pueden acoplarse? Si no encuentran nada en la comunidad parroquial, pónganse en camino y no esperen a que alguien les ponga una alfombra roja. Entren en Internet; vayan a encuentros de fe como la Jornada Mundial de la Juventud. Quizá les entusiasme lo que encuentran, o bien, si los deja indiferentes, sigan buscando. Y si no encuentran nadie a quien unirse, ustedes mismos pueden convertirse en un comienzo para otros: tomen un pasaje de la Biblia, una pregunta de este mismo libro o del Youcat, inviten a amigas y amigos, cocinen juntos algo sabroso y, después, ¡intercambien! Si ustedes no esconden su fe, verán que otros también tienen anhelo de Dios. Su coraje los fortalecerá para ir a lo profundo. Pero quizá Dios nos reta también a una suerte de «tiempo de desierto». Más adelante podrán constatar que ese fue el tiempo en el que su búsqueda de Dios, de amor y de comunidad se hizo realmente fuerte.

Los católicos necesitan comunidad para fortalecer su fe. Por eso organizamos mensualmente en nuestra parroquia una tarde con adoración, misa, alabanza y un momento final para compartir. Así, las personas pueden experimentar a Dios juntas. Si te sientes solo, busca en línea o en tu parroquia grupos de oración locales, o crea uno tú mismo: puede que otros cerca de ti estén buscando lo mismo, pero aún no lo sepan. Tu deseo podría ser el llamado de Dios para comenzar algo nuevo.

MIRIAM Y MATHIAS, Alemania

B Mt 18,20; Jn 1,39; 1 Cor 12,26-27 **CCE** 166 **Y** 24 **CV** 110, 125, 153, 167

¿Mentoría espiritual? ¿Nunca has oído hablar de eso? Es una ayuda especial de la Iglesia pensada para todos aquellos que anhelan tener un acompañante en su camino. En especial si te encuentras en un período de orientación personal o en la búsqueda del amor puede tener sentido que tengas una persona de confianza que te ayude a echar un vistazo a tus talentos, a tu vida, a tus deseos, a tu desarrollo y a tus decisiones sin recortar tu libertad. Para un buen mentor espiritual no eres ningún «caso», sino una cristiana o un cristiano que marcha bajo la mirada amorosa de Dios acompañada por una persona dotada de experiencia espiritual y humana. Como persona experimentada, el mentor espiritual te ayuda a reconocer tu camino y aquello que Dios quisiera hacer de ti.

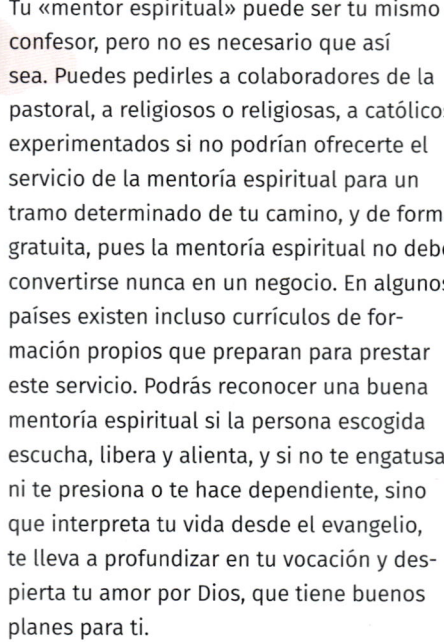

¿Tiene sentido que me busque un mentor espiritual?

Los mentores no deberían llevar a los jóvenes a ser seguidores pasivos, sino más bien caminar a su lado, dejándoles ser los protagonistas de su propio camino. [...] Un mentor debe simplemente plantar la semilla de la fe en los jóvenes, sin querer ver inmediatamente los frutos del trabajo del Espíritu Santo.
PAPA FRANCISCO
Christus Vivit 246

Tu «mentor espiritual» puede ser tu mismo confesor, pero no es necesario que así sea. Puedes pedirles a colaboradores de la pastoral, a religiosos o religiosas, a católicos experimentados si no podrían ofrecerte el servicio de la mentoría espiritual para un tramo determinado de tu camino, y de forma gratuita, pues la mentoría espiritual no debe convertirse nunca en un negocio. En algunos países existen incluso currículos de formación propios que preparan para prestar este servicio. Podrás reconocer una buena mentoría espiritual si la persona escogida escucha, libera y alienta, y si no te engatusa ni te presiona o te hace dependiente, sino que interpreta tu vida desde el evangelio, te lleva a profundizar en tu vocación y despierta tu amor por Dios, que tiene buenos planes para ti.

Necesitamos la visión objetiva que nos ayuda a dejar de girar en torno a nosotros mismos.
WIS, Indonesia

¿Soy tal vez incapaz de entablar relaciones?

Quizá, antes de reflexionar sobre relaciones y de preguntarte si acaso eres capaz de entablarlas, puede resultarte de ayuda pensar que ya estás interiormente en una relación que nadie en el mundo puede destruir. Dios te ama y, si te involucras en ese amor, dejarás de tenerle miedo al amor. «No somos el producto casual y sin sentido de la evolución», dijo una vez el papa Benedicto XVI. «Cada uno de nosotros es el fruto de un pensamiento de Dios. Cada uno de nosotros es querido, cada uno es amado, cada uno es necesario».

Para el mundo eres alguien, pero para alguien eres el mundo.
ERICH FRIED (1921–988), poeta austríaco

El anhelo de entregarse con confianza a otra persona nos desafía a trabajar en nosotros mismos. En efecto, si no aceptamos nuestra propia vida, nuestro propio cuerpo, nuestra propia historia, dificultamos a los demás que nos encuentren dignos de ser amados. Sin necesitas la sanación de tus heridas interiores porque, quizá, estás muy herido, exponte a la mirada amorosa de Dios. Él te ayudará a hacer las paces con tu pasado, por cruel que haya sido. Es que Dios te ama como si fueses lo único digno de ser amado en el mundo. Él, que ha hecho bien todas las cosas, te da el coraje para aceptar el amor como regalo suyo. Tú puedes ser tú mismo, estar abierto para otros y dispuesto para el amor. Si eso te cuesta, busca un terapeuta y haz que un sacerdote o agente pastoral te ayude a ejercitarte en el amor desde Dios.

¿Puedo pedirle a Dios un buen esposo/una buena esposa?

Sí, por supuesto. Y hasta es un consejo especial si es que todavía andas solo en el camino. Aun cuando ya tengas a alguien en la mira, puedes preguntarle a Dios en la oración si se trata de la persona para toda la vida. Aun así, no es Dios el que decide cuándo te casas. Pide a Dios que te abra una puerta para reconocer en el momento decisivo a la persona correcta y para poder encaminarte hacia esa persona con libertad y apertura.

De modo que ya puedes pedir en la oración que la persona correcta se cruce en tu camino. Más aún: aunque todavía no la conoces, puedes pedir en la oración que Dios la guarde, la proteja y la conduzca. Pero también concéntrate en desarrollar tus propios dones para estar a disposición de otros y, de esa manera, crecer humanamente. Permanece en contacto con Jesús: él te imprime su marca, te hace querible y dispuesto para el amor. Entonces estarás en excelentes condiciones para la persona correcta y también serás fascinante para ese «otro» que te necesita precisamente a ti.

B Mt 7,7; Lc, 11,10-13 **CCE** 2632 **Y** 486, 296 **CV** 155, 277

¡Relájate! ¿Acaso piensas que Dios está sentado en su trono del cielo y te lleva de un lado para otro como una figura sin vida en un tablero de ajedrez? Un deseo fuerte en una dirección determinada puede ser ya una indicación de Dios. Por otro lado, deberías aprender a discernir si un deseo proviene de Dios o no. Dios te acompaña con amor por el camino en el que puedes desarrollarte fuertemente y llegar a ser feliz.

¿Puedo tener el deseo de casarme, o entonces ya no estaría abierto/a al plan de Dios?

Dios te conduce. En la oración puedes descubrir si es ÉL quien te habla a través de tu propio deseo. No intentes reprimir tus deseos porque de ese modo no desaparecen y solo te escondes de ti mismo y de Dios.

Conversa con Dios sobre tu inseguridad. Acepta tus deseos, pero no te aferres a ellos. Confía en que Dios te dará todo lo que es bueno para ti, y a su debido tiempo: «El Padre que está en el cielo sabe bien qué es lo que les hace falta, antes de que se lo pidan» (Mt 6,8). Si tienes la sensación de que tu deseo está en consonancia con la voluntad de Dios, no tengas miedo de perseguirlo y de mantenerlo con paciencia. Si realmente estás en el camino correcto sentirás paz interior; si no, vacío o inquietud. Permanece, pues, atento a la voz de Dios en tu interior y estate dispuesto a cambiar de camino si el vacío y la inquietud que sientes te atormentan cada vez más.

Podemos tomar la imagen de la olla y de la tapa adecuada. A veces se cuenta con la tapa perfecta, que se adecúa perfectamente a la olla. Pero a veces la tapa queda un poco floja o tiene una forma algo distinta. Aun así, puedes tener una excelente experiencia de cocina.

MYRIAM, Líbano

¿Qué pasa si estoy inseguro en cuanto a mi identidad sexual?

¿Soy realmente un varón? ¿Soy realmente una mujer? Ni Dios ni la Iglesia te condenan si la búsqueda de tu identidad está acompañada de sentimientos desconcertantes. Es normal que durante la pubertad y como adultos jóvenes tengamos sentimientos desconcertantes, que no nos sintamos a gusto con las modificaciones corporales (disforia de género) o que, a veces, nos sintamos transitoriamente atraídos (de forma homoerótica) hacia el propio sexo. Tienes que darte tiempo.

Pero también puede ser que tu desconcierto tenga bases biológicas o psíquicas y que, por eso, ya no se vaya. En ese caso, necesitas ayuda.

Un trastorno de base biológica en el desarrollo sexual (síndrome DSD o intersexualidad) se descubre a veces ya en la infancia, a veces en la pubertad. Aquí es oportuna la ayuda médica y terapéutica. El no sentirse a gusto con el propio sexo (disforia de género) afecta en la pubertad a muchas chicas totalmente sanas desde el punto de vista biológico y, a veces, también a muchachos. Como a menudo falta en la sociedad una visión positiva del proceso de convertirse en mujer y madre, las chicas experimentan los cambios corporales, sobre todo la menstruación, como una carga que puede llevar incluso a sentimientos suicidas. El fenómeno de la «disforia de género» entre chicas aumenta en todo el mundo como una avalancha por la influencia de los medios. Si una chica piensa que, en realidad, es un muchacho, los psicólogos de muchos países están obligados por ley a reaccionar con una confirmación. De ese modo no se pregunta ya cuál es la causa del síntoma. Se prescriben bloqueadores puberales, de los cuales se sabe que perjudican la densidad ósea y que, más tarde, traen consigo problemas de salud. Luego se administran hormonas masculinas, que no deben interrumpirse nunca más durante el resto de la vida. Hacen que la voz sea más grave, provocan el crecimiento de la barba y aumentan el deseo sexual. El siguiente paso es la amputación de los senos sanos, todos pasos irreversibles con consecuencias considerables (infertilidad, daño permanente en el campo del placer sexual). Los estudios demuestran que, generalmente, la disforia de género experimentada en la adolescencia pierde toda importancia en la edad adulta, sobre todo si se identifican las verdaderas causas subyacentes.

¿Cómo puedo dejar de estar girando siempre en torno a mí mismo/a?

Detrás del girar en torno a sí mismo no se esconde siempre puro egoísmo, sino a menudo el sufrimiento de una persona en su interior o su experiencia de desorientación. Puede ser el miedo a quedar en desventaja, a no ser aceptado, a ser demasiado poco amado, a perder su propio mundo en el amor. Un primer paso para salir de ese miedo puede consistir en pequeños gestos en los que muestras que ves al otro y quieres darle una alegría. Esto te pone en la huella de la liberación. «Solo el amor comprende el misterio de obsequiar a otros y, al hacerlo, enriquecerse uno mismo» (san Agustín).

Supongamos que Pablo es alguien que piensa primero en sí mismo. Se casa con María, de quien sabe que piensa primero en él y no en sí misma. ¡Vaya! ¡Dos personas que piensan en Pablo! Todo el mundo se da cuenta de que allí hay algo que no cuadra. Si una persona con un ego enfermizo se casa con otra que está enredada en un altruismo equivocado, es posible que ninguna de las dos pueda desarrollarse de verdad. Amor es un dar y tomar, recibir y obsequiar: un juego en el que ambos intervinientes abandonan sus propios patrones de conducta y llegan a ser más maduros, más libres y más fecundos a través del otro.

Puedes comenzar por cosas pequeñas como, por ejemplo, escuchar a alguien de tu familia a quien no le va bien, o pasar tiempo con una persona enferma. No tienes que esperar a ser perfecto... Pero si de vez en cuando te ignoras a ti mismo y no preguntas «¿qué gano yo?», cambiarás, te volverás más humano.

MARTHA, India

Imagínate que cierras fuertemente un puño y te lo guardas todo para ti mismo. Desde luego, de ese modo tienes control y seguridad. Pero si abres la mano, surgen la libertad y la amplitud: puedes recibir y lograr más.

STEFANIE, Alemania

¿Cómo puedo afrontar mi curiosidad por el sexo?

Sería extraño que no estuvieses vivamente interesado en lo que es el amor y en lo que el amor significa para ti. Puedes registrar sin un temor erróneo la fuerza de la atracción erótica: es normal, solo que no deberías dejarte dominar por ella. Puedes hablar sobre el tema, puedes agradecer a Dios por el regalo de la sexualidad, pero guarda tu corazón: sé cuidadoso en el trato con contenidos sexuales. Podrías verte tentado a excitarte con imágenes y textos muertos en lugar de alegrarte en la espera de la unión de amor con la persona a la que quisieras entregarte por entero.

Si todavía no has encontrado a la persona a la que amas, vives en un período de expectativa, de búsqueda, de inseguridad, quizá incluso de frustración. En los medios estás rodeado de imágenes sexualmente provocativas, y en ese aspecto seguro que tienes las cosas más difíciles que tus padres. Tienes que tener cuidado con lo que dejas entrar en tu alma a través de la ventana de los ojos. Todo lo que ves te cambia, te des cuenta o no. Tienes que ser fuerte, de modo que no te veas absorbido por un mundo en el que todo gira solamente en torno al sexo, y ya no en torno al amor.

> ¡No pienses en el elefante rosa! Basta con que me diga eso para que, inevitablemente, piense en un elefante rosa. Lo mismo pasa con el sexo.
>
> **JEREMY HAMMOND,** fundador de Free!ndeed

Mil cosas aparecen en el plan de estudios, excepto el hecho de que se requiere una enorme disciplina para ser y seguir siendo siempre una persona decente.

DORO, Alemania

¿Por qué la Iglesia habla de castidad y para qué hace falta?

Hay que explicar de nuevo la castidad, pues a menudo se la confunde con mojigatería. Casta es una persona dueña de sí misma y no esclava de sus instintos. Vives castamente si vives tu sexualidad como lenguaje del amor y como fuerza de vinculación. La castidad es una protección contra la degradación por uno mismo y por otros, contra las malas intenciones, las heridas del alma y el resabio desagradable. La castidad tiene que ver tanto con el individuo como con la pareja. La castidad genera el espacio perfecto para el libre movimiento del amor: para el respeto, la libertad, la dignidad, la autenticidad y el aprecio. El respeto por sí mismo y el amor son incompatibles con el egoísmo, el descontrol, la falta de valores y la lujuria.

> **El misterio es lo más hermoso que nos es dado sentir.**
>
> **ALBERT EINSTEIN** (1879-1955), premio Nobel de física

Santo Tomás de Aquino compara a una persona carente de castidad con un león que divisa un ciervo: le sobreviene un apetito voraz. Una persona carente de castidad ve al otro como una presa; lo percibe como cuerpo, no como persona. Pero una persona ha de ser respetada y amada, no utilizada y hecha objeto de consumo. Jesús valora mucho la pureza de la mirada: «El que mira a una mujer deseándola, ya cometió adulterio con ella en su corazón» (Mt 5,28). La frase hace referencia a querer desnudar a la otra persona con la mirada… Castidad hoy significa: ¡Nada de porno! ¡Nada de amistad con derecho a roce! ¡Nada de falsos coqueteos! ¡Nada de eslóganes sexistas! ¡Nada de aventuras fugaces!

¿Por qué combinan tan mal ser «piadoso» y ser «sexi»?

Desde luego, ser «piadoso» y «sexi» —es decir, ser apuesto y atractivo— y coquetear sin inhibiciones son cosas que sí combinan. Dios no nos ha creado bien y nada más, sino que lo ha hecho muy bien. Así, podemos subrayar incluso la belleza natural y extraer lo mejor de nosotros. ¿Andar por ahí triste y sombrío? No, nada nos prohíbe ser irresistibles para que gustemos de verdad el uno del otro. De otro modo, nunca pondríamos los ojos en el otro ni nos enamoraríamos. Y a veces una gran historia comienza con un pequeño coqueteo.

El cuerpo de la mujer es un secreto que hay que desvelar, un secreto sexi... Pero como mujeres deberíamos dejarlo un poco envuelto en velos hasta que llegue el hombre del que Dios nos dice: es el correcto.

PATRICIA, México

Otra cosa es que utilices tus atractivos corporales para provocar, que te vistas para producir excitación, para atraer sobre ti las miradas, para elevar tu autoestima o para seducir a alguien. Eso no es sexi, sino un juego engañoso. Por lo menos es descuidado frente a los varones, a quienes les encanta arriesgar una mirada, considerarla como una invitación a «más» y afirmar, después: «Ella lo quería». Pero quien quiera ser atractivo y apetecible —o sea, sexi— para la persona amada no está actuando en contra de la voluntad de Dios, pues «Dios ama el gozo de sus hijos» (AL 147).

B ¡Me has robado el corazón, hermana mía, novia mía! ¡Me has robado el corazón con una sola de tus miradas! **CANT 4,9**

B Cant 4,9-11; 1 Tim 4,4-5 **CCE** 2831 **Y** 403 **AL** 147, 157 **CV** 49, 79

Apartar la mirada es un posible método. Pero las imágenes son fuertes y a menudo despliegan un poder mágico.

Estoy rodeado de imágenes eróticas. ¿Qué debo hacer? ¿Apartar la mirada?

Y a veces no eres tan fuerte y disciplinado, sino que estás aislado, débil, en condiciones de ser seducido... solo frente a tu pantalla. No deberías jugar con fuego. Por eso tienes que tener una estrategia. Busca a un buen amigo al que puedas decirle que estás expuesto a una espiral de tentación. Juntos pueden fortalecerse y llegar a tener resistencia contra el veneno seductor de imágenes que son mentirosas, denigrantes, violentas y desvergonzadas.

Lamentablemente, la seducción para el sexo virtual se ha convertido en un negocio milmillonario.

> Aunque Pornhub omitió estos datos en su informe anual de los últimos años, su informe de 2019 dijo que hubo más de 42 mil millones de clics en su web —alrededor de 6 visitas al sitio por cada persona en la tierra— y un total de 8,5 millones de visitas más que en 2018.
> **FIGHT THE NEW DRUG** iniciativa web estadounidense para información sobre la adicción al porno.

Niños de diez años pueden moverse en universos sexuales filmados como en un burdel virtual. Toda persona normal sabe que allí el niño se embrutece y se atrofia mentalmente. Si no es eso lo que se quiere (y no se están buscando arreglos baratos), hay cinco métodos:

1. **CORTA** de inmediato la sesión si has entrado en una web equivocada, y no te lleves nunca el móvil al dormitorio.
2. **CONVERSA** con otros: encontrarás amigos estupendos.
3. **PIDE** a Dios la paz interior y la fuerza para resistir.
4. **CONFIÉSATE** y deja que Dios te regale un nuevo comienzo por el camino del amor.
5. Si todo lo demás falla, **INSTALA** un «filtro» que tú mismo no puedas pasar.

¿Por qué debería contener mi deseo sexual durante años?

Porque el amor bien vale esa espera. Porque la persona que más amas bien vale que no te regales a ninguna otra. Porque tú mismo vales tanto que no deberías jugarte tu capacidad de entrega en pequeñas aventuras sexuales. **Estás en el camino correcto si tu deseo de sexo está profundamente ligado a tu anhelo de amor. El amor es más grande que el sexo y es exigente. Al sexo le llega su turno cuando todos los requisitos del amor se han cumplido. Sexo antes del amor o fuera del amor o en lugar del amor es siempre demasiado poco.**

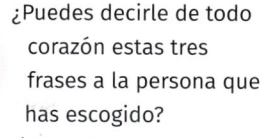

¿Puedes decirle de todo corazón estas tres frases a la persona que has escogido?

1) Te quiero solo a ti.
2) Te quiero para siempre.
3) Contigo pueden venir los hijos que Dios quiera regalarnos.

Si los dos pueden afirmar todo eso, se dan en ustedes los requisitos del amor. Pueden unirse, y no para un par de minutos de placer, sino para siempre. Si se quisiera tener sexo sin estas condiciones, entonces (todavía) no se está amando realmente. Siempre hay que cuidar de no utilizar al otro para la satisfacción momentánea de las propias necesidades. Además, del sexo siempre pueden venir hijos. Ya solamente por ese motivo el sexo tiene que estar dentro del amor comprometedor de un matrimonio. Pues solamente el matrimonio ofrece el espacio protegido en el que un hijo puede crecer cobijado y seguro.

Yo no sabía con quién me casaría un día, pero ya entonces no quería engañar a mi mujer.
ROBERT, Alemania

FLASH 4 LIGHT

B Eclo 9,8; 1 Tes 4,3 **CCE** 2350 **Y** 407 **AL** 131-132 **CV** 261, 265 **FC** 80 **HV** 9

¿Cómo afronto como soltero mi apetito sexual?

Todo ser humano tiene apetitos: de comida, de música, de naturaleza, de belleza humana. Pero no podemos tener todo lo que nos apetece. Sea que no nos

pertenece, sea que tendríamos que aplicar medios erróneos para obtenerlo. Hay personas que no se casan o que no encuentran a la persona adecuada. Decirles, entonces, que satisfagan su apetito por sí mismas, que compren sexo o reemplacen el deseo de ternura recurriendo a medios técnicos no se corresponde con la dignidad del ser humano y conduce a un callejón sin salida desde el punto de vista humano.

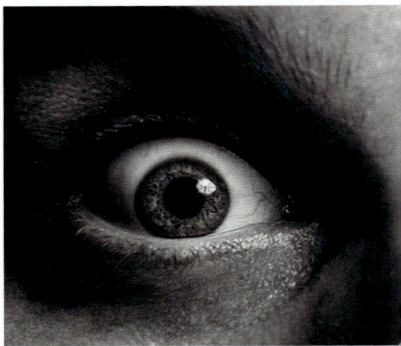

La mejor manera de afrontar como soltero tu apetito sexual consiste en que pongas todos los medios para convertirte en una persona que irradie amor y en quien los amigos puedan confiar. Entonces experimentarás alegría sensible en la vida, también sin sexo genital. Hay muchas personas que por diferentes razones renuncian a las relaciones sexuales sin por eso convertirse en seres humanos a medias. El sexo activo tiene que estar en el espacio de la ternura con la otra persona, a la que amo. Si esa otra persona no está presente, no puedo alcanzar mediante actos sustitutivos el mismo efecto que por la unión amorosa real del varón y la mujer. El sexo no se puede forzar y no existe ningún «derecho humano a la satisfacción de los deseos sexuales», aun cuando una industria del sexo que mueve miles de millones quiera hacérnoslo creer.

En mi juventud era adicto a la pornografía. Eso llevó a trastornos en mi afectividad y en mi sexualidad. Al permitirle a la gracia de Dios que llegara a mi vida pude iniciar un itinerario de sanación, de modo que pude aceptar una sexualidad sana y libre, pero también ver la dignidad de las personas y vivirla con libertad.

JOVEN de Colombia

¿Debo sentirme mal cuando me pierdo en mis sueños diurnos y fantasías eróticas?

Todos los seres humanos tienen el «cine mental», unos de forma más fuerte, otros, menos fuerte. Los sueños diurnos pueden ser una ayuda magnífica para imaginarse lo bello de la vida y para esforzarse por alcanzarlo con todas las fuerzas en la realidad. Pero a través de las fantasías también se puede dejar de tener los pies en la tierra, evadirse de la realidad en ensoñaciones hasta que se está realmente preso en un patrón fatal, por ejemplo, en forma de pornografía o, peor aún, seduciendo a alguien, persuadiéndolo para mantener relaciones sexuales o incluso abusando de él.

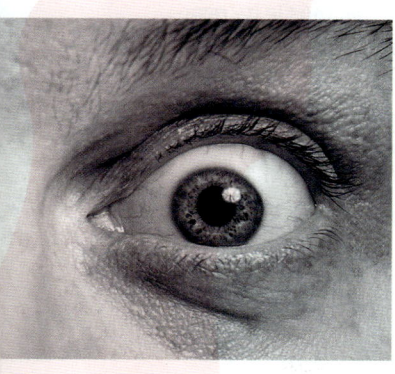

Tus sueños diurnos y nocturnos te ponen frente a tu propio corazón. Te muestran lo que hay en tu interior. Desde el centro de tu corazón puedes volverte hacia el amor y hacia el bien, pero también es verdad lo que dice Jesús en Mc 7,21: «Es del interior, del corazón de los hombres de donde provienen las malas intenciones, las fornicaciones, los robos, los homicidios...». Por ejemplo, si te sientes eróticamente atraído por la belleza de otra persona puedes alabar a Dios por haber creado algo tan hermoso, o también puedes ser consumido por el deseo de apoderarte de lo que no te corresponde. A menudo nos representamos de forma especialmente bella lo prohibido. En ese caso tenemos que poner en acción nuestro entendimiento a fin de poder salir de allí. Si lo logras, **¡felicitaciones!** No todos lo logran de inmediato. Pero Dios nos da siempre nuevas ocasiones cuando alguna vez o de forma reiterada perdemos la senda. No lo olvides nunca: «Felices los que tienen el corazón puro, porque verán a Dios» (Mt 5,8).

FELICITACIONES

B Mt 5,28; Rom 5,17; Gal 5,13ss; 1 Tes 4,5; Sant 1,15 **CCE** 1809 **Y** 293-294, 463 **CV** 12, 32

¿Está bien masturbarse?

En la pubertad la masturbación es un modo de conocer el propio cuerpo. En la mayoría de los casos, al crecer en la adultez se hace más fuerte el deseo de unión con una persona amada. Con ello se alcanza el fin para el cual Dios le ha regalado al ser humano la sexualidad. Si uno se masturba de forma habitual, permanece encerrado en sí mismo y debilita la propia capacidad de entregarse al otro. Por eso la Iglesia enseña a no practicar la masturbación, sino a vivir la sexualidad como expresión plena del amor conyugal.

Especialmente en la era de la pornografía no son pocas las personas que se encuentran en una adicción que las desconecta del desarrollo integral en el amor entre el varón y la mujer. Desde hace años eso se trivializa en Internet y en las revistas sobre estilo de vida, mientras que, al mismo tiempo, los expertos en adicciones se ocupan de las graves consecuencias psicosociales que de allí se derivan tanto para los hombres como para las mujeres. Por desgracia, es muy difícil librarse de la adicción, ¡pero no es imposible! Lleva tu adicción ante Dios, ¡deja que él te guíe para que puedas volver a ser libre y encontrar el amor! Habla con un amigo si te encuentras en esa situación. Él no te avergonzará. ¡No te rindas!

Durante mucho tiempo pensé que masturbarse estaba bien, porque al masturbarse no se hace daño a nadie. Pero, como alguien que en un tiempo fue casi adicta a la masturbación, he reconocido que a quien más daño hago con ello es a mí misma. Después de pocos segundos de una engañosa sensación de «alegría» sentía mucha vergüenza, mucha rabia, mucho asco de mí misma. La irónica coexistencia de esas sensaciones en un lapso de pocos segundos me condujo realmente a un sitio oscuro del que fue muy difícil salir. Una vez, mientras rezaba, me di cuenta de que era una esclava de mi angustia y de mi placer. Me sentí como si fuese la esclava de mi cuerpo y no diese gloria a Dios. Masturbarse no está bien porque el Espíritu de Dios habita en mi alma y en mi cuerpo y mis actos deben glorificar a ese Espíritu.

MARCELLINA, Líbano

TEMA ESPECIAL

Reconocer uno mismo la adicción con el principio *SAFE*

Secret (secreto)

El hecho de que eres adicto a algo puedes reconocerlo en que te aseguras de que nadie vea lo que haces. Con ello refuerzas tu dependencia. Tarde o temprano, te será imposible reprimir tu adicción: ella te enajena de ti mismo. La adicción se mantiene las más de las veces en secreto y se la oculta lo mejor que se puede. Al comienzo, las personas dependientes logran ocultar su adicción, pero, en algún momento, dejan de poder reprimir su enfermedad incluso en la vida cotidiana.

Abusive (abuso)

Si consumes pornografía primero de forma ocasional, después, habitual y, finalmente, compulsiva, eso acaba normalmente en la masturbación. Este comportamiento compulsivo es una forma de abuso de sí mismo. Con excesiva frecuencia y durante un tiempo excesivamente largo se miran películas pornográficas o bien uno se obliga a sí mismo a masturbarse.

Feelings (sentimientos)

La adicción se origina en «agujeros» en tu vida: a tu soledad, a tus miedos, a tu agresión. Querrías escapar de ese desagradable sentimiento y, entonces, te administras una «droga», un veneno para tus ojos y para tu alma. Con la adicción se compensan sentimientos como el aburrimiento, la tristeza o la ira.

Empty (vacío)

El veneno que dejas entrar en tu alma a través de tus ojos no te sacia el hambre, no te llena, no te hace feliz. Te embotas cada vez más, necesitas una dosis cada vez más fuerte de la droga y, sin embargo, te quedas vacío. La adicción no tiene ninguna conexión emocional con una persona y, además, conduce a los afectados a estar cada vez más «embotados».

¿Qué efectos produce en mí el andar jugando con la pornografía?

Consumir pornografía de forma continua e intensiva es el camino más seguro para dañarse psíquicamente y para perder el respeto por la dignidad de las personas en el ámbito sexual. La pornografía puede convertirse en una adicción. Si utilizas con regularidad ofrecimientos pornográficos te aventuras con una droga que puede modificar negativamente tu vida sexual y programar de forma errónea tu estructura cerebral. Puesto que te daña a ti y perjudica también el amor a otras personas, el consumo y la producción de pornografía es un pecado con el que nadie debe jugar, y menos aún un cristiano.

[Ustedes] necesitan la ayuda divina para que su fe no se seque como una gota de rocío bajo el sol, si no quieren sucumbir a las seducciones del consumismo, si no quieren que su amor se ahogue en la pornografía, si no quieren traicionar a los débiles ni dejar tiradas a las víctimas.

PAPA BENEDICTO XVI (1927-2022), Prológo al YOUCAT

99 La pornografía insensibiliza todo nuestro ser. El consumo de pornografía debilita enormemente los sentimientos. Cada vez resulta más difícil entablar relaciones profundas o mantenerlas intactas. La incapacidad para relacionarse se generaliza y el ciclo de vergüenza y aislamiento vuelve a empezar.

JEREMY HAMMOND, fundador de Free!ndeed

Esa rápida excitación la pagas con soledad, con la pérdida de tu fuerza para establecer vínculos y de tu respeto por ti mismo. Cuanto más experiencias tengas con el consumo de pornografía o incluso elabores tú mismo imágenes, vídeos o transmisiones pornográficas en directo, tanto más difícil te resultará construir o mantener una relación auténtica con la persona a la que realmente amas. En tu «cine mental» tendrás sexo con todo el mundo, mientras que, al final, en la realidad no lo tendrás con nadie.

Tu pasado no define quién eres en el futuro. Compartir la cama es una promesa cor-poral que contiene este mensaje: te pertenezco —solo a ti y por el resto de nuestra vida en común—. En el pasado no quisiste o no pudiste mantener esa promesa. Si ahora has encontrado a la persona con la que estás dispuesto a mantenerla, entonces ¡estupendo! Pero ahora deberías hacer todo lo posible, con la ayuda de Dios, por dejar definitivamente atrás tu ayer. La persona a la que amas y los hijos que, quizá, Dios les regale necesitan que puedas comprometerte en un amor irrevocable con un corazón puro y sin cargas del pasado.

¿Qué tan malo es que uno haya tenido sexo con diferentes parejas?

> **Hay que dejar el pasado a la enorme misericordia de Dios; el futuro, a su providencia amorosa; y entregar todo el presente a su amor por nuestra fidelidad a su gracia.**
>
> **JEAN-PIERRE DE CAUSSADE** (1675-1751), jesuita y escritor

Está claro que no te has hecho ningún favor especial al jugar con el amor y tener relaciones sexuales con muchas parejas (*body counting*). Probablemente, tú mismo no puedes siquiera estimar cuánto ha reducido eso tu capacidad de entregarte realmente con todo tu ser. Menos aún podrás valorar lo que se rompió en los otros. Lo importante es que pidas perdón a las personas con las que hayas quedado en deuda y que tú mismo te perdones si te has causado heridas a ti mismo. Antes del día en que pronuncies tu «sí» frente al altar deberías presentar ante Dios toda tu vida —y también tus intentos en el amor— en el marco de una buena confesión sacramental. Dios no guarda rencor: lo que él ha perdonado está perdonado. Pero los seres humanos tendemos a hacernos reproches durante mucho más tiempo, y eso obstaculiza nuestro proceso de sanación.

¿Puede Dios perdonarme el caos que he vivido con el sexo?

¡Sin duda alguna! Dios no está interesado en los detalles de nuestras viejas y escabrosas historias. Solo se fija en nuestros extravíos si seguimos pensando que son geniales. Dios es gracia y amor: Él abre sus brazos de par en par y hace posible un nuevo comienzo. Él quiere restaurar nuestra belleza y ponernos en el camino de nuestra felicidad. Dios también puede purificarnos en el ámbito de la sexualidad, sanar nuestros recuerdos y hacer posible un camino nuevo. Solo hemos de dejarle hacerlo.

Jesús se dedicó con especial ternura a los pecadores, incluso a una mujer adúltera. ¡Sin señalamientos, sin reproches! Esto desconcertó a muchos: «¡Si este hombre fuera profeta, sabría quién es la mujer que lo toca y lo que ella es: ¡una pecadora!» (Lc 7,39). Pero Jesús sabía perfectamente lo que hacía. El pecado solo puede ser vencido por el amor: «Por eso te digo que sus pecados, sus numerosos pecados, le han sido perdonados porque ha demostrado mucho amor. Pero aquel a quien se le perdona poco, demuestra poco amor» (Lc 7,47). Dios quiere que acabemos con las viejas historias que nos impiden estar en comunión con él. Donde él no nos condena, tampoco nosotros tenemos que condenarnos, sino llevar nuestras heridas a Jesús para que él las sane. Un medio especialmente importante para eso es el sacramento de la confesión, donde, a través del sacerdote, Cristo nos da directamente el perdón de nuestros pecados.

B Lc 7,37-50; 1 Pe 4,8 **CCE** 1420-1460 **Y** 408 **AL** 307-312 **CV** 119-120

¿Cómo afronto mis heridas?

Las heridas del alma son heridas del amor: del amor ausente, falso, retirado o negado. La buena noticia es que pueden sanarse. Puedes aprender a aceptar el dolor, más aún, a abrazarlo, si sabes que el dolor puede ser sanado con amor: con el amor que, tal vez, tú mismo regales antes de experimentarlo. Si no reprimes el dolor, este puede convertirse en el punto del cual extraigas un conocimiento más profundo, una compasión más fuerte y una resistencia especial. Además, estar herido te pone muy cerca de Jesús. Él se dejó herir por amor a nosotros y hasta murió por nosotros en la cruz. «Por sus heridas fuimos sanados» (Is 53,5).

Agua del costado de Cristo, lávame. Pasión de Cristo, confórtame. ¡Oh buen Jesús!, óyeme. Dentro de tus llagas, escóndeme.
Oración «Alma de Cristo»

La presencia cristiana junto a los enfermos revela que la salvación no es una idea abstracta, sino una acción concreta. En el gesto de limpiar una herida, la Iglesia proclama que el Reino de Dios comienza entre los más vulnerables. Y, al hacerlo, permanece fiel a Aquel que dijo: «Estaba [...] enfermo, y me visitaron» (Mt 25,35.36).
PAPA LEÓN XIV
Dilexi te, 52

Busca sobre todo ayuda espiritual. Pues, en última instancia, Dios te invita a internarte en las regiones en las que se hará claridad a tu alrededor, porque un par de certezas llenarán tu alma: ¡Sí, he sido creado por amor; sí, estoy destinado al amor; sí, mi historia descansa en las manos de Dios; sí, su amor me acompaña; sí, puedo dar amor sin quedar en desventaja! Puedes reconciliarte con tu propia historia. Una ayuda especial son los sacramentos, en particular la confesión y la eucaristía. En ellas Cristo toca mi historia con la misma fuerza con la que tocaba a los enfermos: «... salía de él una fuerza que sanaba a todos» (Lc 6,19). Y no lo olvides nunca: los árboles que están expuestos al viento suelen tener un aspecto pobre, pero nada los tumba tan fácilmente, pues tienen raíces fuertes.

A menudo las personas a las que les cuesta mostrar sus sentimientos solo tienen miedo a ser rechazadas. Temen que el otro pueda desvalorizarlas si se abren y muestran lo que piensan con palabras y gestos. Tener que ocultar tus anhelos y deseos te hace definitivamente infeliz a ti y a la persona que amas. Pero hay dos buenas noticias para ti. Primero, con un poco de práctica puedes aprender a expresar tus sentimientos. Segundo, nadie puede destruir, desvalorizándote, lo que eres a los ojos de Dios: su hijo amado, valorado por sobre todas las cosas. Y quizá alguien lleva mucho tiempo esperando a que derribes el muro que rodea tu corazón y muestres lo que sientes...

¿Qué pasa si nunca he aprendido a expresar mis sentimientos?

Expresar sentimientos es algo que puede ejercitarse como una nueva lengua. Aprende esa lengua mirando a aquellas personas que tratan entre ellas con cordialidad, calidez y apoyo mutuo: presta atención al lenguaje de sus gestos, al movimiento de la mano que invita, al coraje de sonreír y de mirar a los ojos. Un día te resultará del todo natural tomar a alguien del brazo, abrazarlo, decirle: ¡Qué bueno es que existas!

" Más de uno lleva en su alma un gran fuego y nunca viene alguien a calentarse con ese fuego; los que pasan no perciben de él más que un poquito de humo que sale de la chimenea y, después, siguen su camino.
VINCENT VAN GOGH (1853-1890), pintor holandés

¿Qué pasa si uno ha sido víctima de abuso? ¿Se puede amar aun así?

En ningún caso debes creer que ya nunca podrás volver a entregarte, volver a amar, a confiar en una persona porque hubo alguien que abusó de ti y te hirió en lo más profundo. Las víctimas de abuso suelen sentirse sucias y hasta consideran lo sucedido como su propia culpa. Si así fuese, te estás dejando engañar por una mentira. Por favor, créelo: ¡eres inocente! El camino de regreso a la confianza puede ser largo, pero existe. Y toda herida que fue sanada por Dios en lo profundo vuelve a hacer tu vida aún más preciosa y tu amor aún más profundo.

Nadie puede hacerte sentir inferior e incapaz excepto tú mismo. Si te acusas constantemente de ser el culpable, afrontas de forma infructuosa el crimen que se ha cometido contigo. Te quedas atrapado en el pasado, aferrado a tu sufrimiento, victimizándote una vez más. Déjate liberar, recurre a la psicoterapia si aún no lo has hecho y expón lo más a menudo posible tu corazón al sol de Dios. Reza. Asegúrate bien de no acusarte falsamente.

No estás solo. En su pasión Jesús fue víctima de abuso hasta la muerte. ¡Pero piensa en la resurrección!

FABIAN, Malasia

El **abuso** se da de muchas formas. Siempre se trata de una violación fundamental de la libertad y de la dignidad de una persona.

Especialmente trágico es el **abuso sexual**. Afecta al cuerpo y al alma de la víctima y es delito en cualquier caso. En el abuso sexual se hiere tan profundamente la integridad física y psíquica de un ser humano que una persona que ha sido objeto de abuso puede quedar herida para el resto de su vida o incluso estar como «interiormente muerta».

El crimen presupone en la mayoría de los casos una **relación de dependencia**. El abuso propiamente dicho puede prepararse insidiosamente: antes de que se llegue a actos de índole sexual, la víctima suele ser introducida en la confianza, acosada, amenazada, comprometida, manipulada, atraída, seducida, «comprada» con favores...

El **abuso sexual**, sea que se dé en contra de la libre voluntad de la víctima o con su aparente acuerdo, es uso de violencia por parte de alguien más fuerte sobre alguien más débil, sobre todo de un varón sobre una mujer, de un poderoso sobre un dependiente, de un adulto sobre un adolescente o niño.

ABU

Las personas que se encuentran económica, corporal, lingüística, psíquica o mentalmente en la posición más débil se convierten en **víctimas del agresor**, que las utiliza como una cosa a fin de satisfacer su apetito.

Especialmente maligno es el abuso que se comete contra o frente a niños y adolescentes **en la familia**. Por lo menos igual de devastador es el abuso **por parte de sacerdotes**; aun cuando es mucho menos frecuente, puede destruir al mismo tiempo la confianza en Dios.

Ten siempre en cuenta lo siguiente: **la relación sexual es un regalo libre del amor**; presupone estar en pie de igualdad y una profunda confianza mutua; y, en realidad, solo puede tener lugar en un amor para siempre.

Tienes que separarte **inmediata e irrevocablemente** de cualquier persona de la que tengas la impresión de que solo te utiliza. El disimulo es siempre de temer. Si estás inseguro, pon provisionalmente distancia. No dejes de buscar el consejo de personas dignas de tu confianza.

Los actos de abuso, aun cuando solo sean intentos, tienen que ser **denunciados a la Policía**. Siempre, incluso cuando el abusador es miembro de la propia familia.

¡No te avergüences! **¡Busca ayuda!** Olvida la idea de que puedes valerte tú solo.

¿Se puede escapar alguna vez de las experiencias que se han tenido en la propia infancia?

¿Acabas de experimentar cuán hondo llegan las experiencias que has tenido a lo largo de tu infancia y hasta desde los primeros años? ¿Te impiden amar de todo corazón? Entonces presta atención: tu pasado es parte de ti, pero no es tu destino. Puedes liberarte de modelos de conducta erróneos, incluso de la maldición de los recuerdos de abusos y de violencia. Pero para eso necesitas tiempo, buenos consejeros y el coraje para abrirte a ellos. Y expón a menudo tu corazón a la luz y al amor de Dios.

¿Por qué soy como soy? ¿Por qué no puedo entregarme de verdad? ¿Por qué me enfado tan rápidamente? ¿Por qué tiendo a la violencia? ¿Por qué las otras personas me dan miedo? ¿Por qué a veces me siento abandonado o insuficientemente valorado? Mil preguntas, y muchas de ellas tienen que ver con nuestro pasado. En la infancia recibimos la impronta de nuestros padres y de nuestro entorno. A través del amor que se nos brinda aprendemos lo que es amor. Y aprendemos a usar la violencia porque se nos ha hecho violencia. En ese caso se requiere un proceso largo para deshacer los patrones de conducta de la violencia y reemplazarlos por actitudes de paciencia, amor y confianza. El proceso de transformación comienza con la decisión de elaborar esas experiencias y de querer modificarlas. Toda persona tiene la libertad para hacerlo.

Todavía puedo recordar a las personas que abusaron de mí. Por más que quiera olvidarlas, no puedo. En cierto sentido, esas cosas terribles me recuerdan que yo era un muchacho pequeño que no creía que los adultos de mi escuela me harían algo malo... Hoy sigo creyendo en lo bueno que hay en las personas. Somos mucho más que nuestro pecado. ¿Qué ha sucedido con esos adultos? Nunca tuve la oportunidad de decirles que hace mucho tiempo, en la adolescencia, los perdoné.

JEREMY, Estados Unidos

> ## ¿Puedo aprender a vivir junto a otra persona para siempre aun siendo hijo único?

Mientras seas una persona abierta a la amistad y cultives relaciones de confianza con tus amigos no tienes por qué preocuparte de que no puedas aprender a amar por no tener hermanos. Aunque el amor matrimonial es un desafío aún mayor que el amor entre amigos, las cosas decisivas se aprenden también en la amistad, a saber, que no eres el único centro del mundo, que el otro necesita espacio para su desarrollo, que la consideración es importante y que sin perdón y reconciliación las cosas no funcionan si es que el amor ha de ser duradero.

>> Tu amigo es alguien que sabe todo sobre ti y, aun así, te quiere.
> **ELBERT HUBBARD** (1856-1915), escritor estadounidense

>> La felicidad suprema de la vida es la convicción de que uno es amado; amado por sí mismo o, mejor dicho, amado a pesar de uno mismo.
> **VICTOR HUGO** (1802-1885), escritor francés, ateo

FLASH
5
LIGHT

Existen muchos prejuicios contra los hijos únicos. Algunos dicen que son malcriados, egoístas, intolerantes e incapaces de entablar relaciones. En casos puntuales podrá ser verdad. Del mismo modo como existe un exceso de mimos y de consentimiento, también se puede sufrir por falta de afecto y atención. En realidad, toda persona necesita un campo de entrenamiento para el amor, también fuera de la familia de origen. Por eso son tan importantes los amigos. Se trata de establecer un buen equilibrio. Para Dios, todos somos ante todo «hijos únicos» (igual que Jesús fue Hijo único); él nos quiere como si fuéramos los únicos en el mundo.

¿Qué pasa si no has podido aprender de tu padre y de tu madre cómo es el amor?

El hecho de que hayas experimentado un mundo de amor desgarrado no tiene por qué llevarte a repetir lo que en el caso de tus padres salió mal. Si hay a tu lado una persona que te quiere con ternura puedes vivir con ella un tiempo de gracia, de aprendizaje y de cambio profundo y sanador, en el que no tienes que ocultar nada.

Pero no esperes que tu futuro cónyuge rellene tus agujeros interiores. Por eso es imprescindible que antes de casarte marques el rumbo correcto. Dado el caso, deberías arrojar luz sobre tus miedos y carencias con la ayuda de un sacerdote o de un psicoterapeuta. Además, es importante que busques la cercanía de personas en las que encuentres ejemplos convincentes de amor y de constancia. Busca la compañía de buenas familias cristianas y observa lo que caracteriza sus vidas. Y no olvides nunca que tienes un Padre en el cielo que, por amor, quiso que existieras, único e irrepetible.

> Todos hemos nacido para el amor. Es el principio de la existencia y su único fin.
> **BENJAMIN DISRAELI** (1804-1881), escritor y político inglés

> ## ¿Cómo logro seguir mi propio camino sin herir o decepcionar a mis padres?

Escucha a tus padres con respeto y atención, pero tus decisiones tómalas tú mismo. ¡Y defiéndelas frente a tus padres!

Por regla general, los padres tienen buenas intenciones con sus hijos. Vale la pena mantenerse en diálogo con ellos aun cuando se produzcan conflictos. Podría ser que tengas algo en el corazón que guarda una correspondencia profunda contigo mismo o que Dios te llame a algo que tus padres no comprenden. Entonces, ármate de valor y sigue tu camino de todos modos. Pero no dejes de luchar con tus padres, de conquistar su simpatía y de pedir su bendición. Reza, y no solamente por ti. Y piensa que hay una frase de Jesús que dice: «El que ama a su padre o a su madre más que a mí, no es digno de mí; y el que ama a su hijo o a su hija más que a mí, no es digno de mí» (Mt 10,37). A veces es útil dar participación a una persona de confianza que pueda mediar entre tú y tus padres.

Quizás muchos jóvenes, que hoy en día optan por la convivencia en lugar del matrimonio cristiano, necesitan en realidad a alguien que les muestre de manera concreta y comprensible, sobre todo con el ejemplo de vida, qué es el don de la gracia sacramental y qué fuerza proviene de él; que les ayude a comprender «la belleza y la grandeza de la vocación al amor y al servicio de la vida» que Dios da a los esposos (San Juan Pablo II, Exhortación Apostólica *Familiaris consortio*, 1).

PAPA LEÓN XIV, Mensaje a los participantes en el seminario «Evangelizar con las familias de hoy y de mañana».

Indonesia todavía es muy tradicional. Muchos jóvenes no abandonan su casa paterna antes de casarse. Esto se debe a que así lo exige la cultura del respeto filial.

NADIA, Indonesia

B Ex 20,12; Lc, 2,51; Mt 10,37 **CCE** 2230 **Y** 371-372 **AL** 18, 137, 262 **CV** 189-190

Cuando te vas de casa surge una relación nueva con los padres que todavía tiene que crecer. Un día debería desembocar en gratitud, respeto y amor. El cuarto mandamiento dice: «Honra a tu padre y a tu madre, para que tus días sean muchos en la tierra que el Señor, tu Dios, te da» (Ex 20,12). Mientras vivamos somos hijos de nuestros padres —y padres de nuestros hijos—. Si el amor de los padres es sano, deja a los hijos un espacio de libertad. Si el amor de los hijos es sano, no olvida a los padres, especialmente cuando sus fuerzas decrecen.

¿Qué significa dejar a mis padres, dejar mi casa paterna?

Irse no significa dar la espalda a los padres. Significa solamente comenzar una vida propia. Esto también es necesario si un día fueses a casarte: para que tú y tu pareja puedan ser un apoyo mutuo y un hogar para sus hijos tienen que poder conducir su vida ustedes mismos, asumir responsabilidad y cuidar ustedes mismos de sus relaciones. La separación respecto de los padres puede

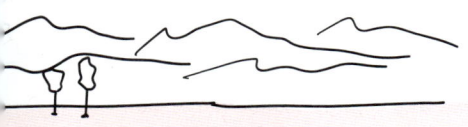

En las culturas africanas es complicado abandonar físicamente la casa paterna debido a las hermosas costumbres y tradiciones existentes. En muchas tribus, el hijo mayor debe conservar las tierras de la familia. Y entonces, tampoco nos vamos de casa en lo psicológico. En una familia africana típica el hijo mayor cuida de los hermanos menores. Todos los hijos tienen el deber sagrado de cuidar a sus padres hasta la muerte. Por eso, a los africanos les cuesta mucho entender que en algún lugar del mundo haya residencias de ancianos.

DIVIN, Camerún

darse sin problemas, pero también puede estar acompañada por tristeza a causa de la pérdida de la cercanía y del cobijamiento o por conflictos y sentimientos de amargura. La experiencia dice que relaciones duraderas y profundas surgen a menudo donde una vez hubo una buena pelea.

FLASH LIGHT 6

B Gn 2,24; Eclo 7,27-28; 1 Tim 5,1-2 **CCE** 2230 **Y** 371-372
AL 9, 13, 190, 261-262 **CV** 187, 190 **DC** 11

Primero: no te avergüences si por motivos económicos o sociales todavía no puedes irte de tu casa paterna. Segundo: no seas víctima de tus circunstancias, sino saca lo mejor de tu situación. Incluso si fuese a costarte más desarrollarte en casa como una persona libre, responsable y llena de amor. Tercero: ¡sal de la autocompasión! Si no giras ya en torno a ti mismo puedes ser una luz para tu familia, compartir sus alegrías y sufrimientos y defender con fortaleza a tus padres y hermanos. Cuarto: no te comportes como en un hotel. ¡Colabora! Quinto: no te evadas en el móvil; pasa tiempo con buenos amigos y comprométete en tu comunidad cristiana. Sexto: Tienes derecho a aislarte a veces y a alejarte de todo lo que te oprime: busca el silencio, busca a Dios.

¿Qué debo hacer cuando no puedo irme de casa?

Hay muchas razones por las cuales un hombre adulto que hace mucho tiempo podría tener ya vida y familia propias vive aún en casa de sus padres: vivienda inasequible, dificultad económica, desempleo, enfermedad de los padres o preocupación por ellos. Ahora es importante que, a pesar de las circunstancias, te desarrolles en tu relación con tus padres. Algunos padres te lo ponen fácil, otros te sofocan con su amor. Pero ellos también saben que no puedes seguir siendo eternamente un adolescente. No pongas distancia de forma agresiva. Muestra tu estatus asumiendo responsabilidades. Y no sucumbas a la tentación de dejarte cuidar y atender. Es posible dar a entender a tus padres de una forma sensible y con respeto que, aunque vivas con ellos, necesitas un espacio de libertad.

B Lc 2,52;
1 Cor 13,11;
Ef 4,15
AL 40, 43, 190
CV 26
GE 145

Yuhu!

¿Pueden los padres interferir en la elección de mis amigos?

La elección de tus amigos es asunto enteramente tuyo. Es verdad que malos amigos pueden desviarte del camino, mientras que buenos amigos son como un tesoro del que te nutres toda una vida. Y a menudo entre los amigos uno encuentra a la persona con la que más tarde funda una familia. Es prudente que no ocultes a tus padres quiénes son tus amigos. A pesar de que hay períodos en los que a menudo se está más estrechamente unido con la pandilla que con los padres, vale la pena hablar con ellos sobre los amigos y escuchar su consejo. Como han vivido más que tú, los padres suelen tener buen ojo para las cualidades humanas.

> ""
> **Las personas más grandes son las que pueden dar esperanza.**
>
> **JEAN JAURÈS** (1859-1914), filósofo social francés

¿En qué se reconocen los buenos amigos y en qué los malos? Un buen amigo se interesa por ti personalmente. Está también a tu lado cuando te va mal. Puedes confiar en él al cien por ciento. Puedes mantener con él conversaciones profundas —sobre el sentido de la vida, sobre Dios, sobre el bien y la verdad—. Un buen amigo no te acosará, no te utilizará y no te exigirá nada que tú no puedas o no quieras darle. Un buen amigo busca no solamente la máxima «diversión»: tiene valores e ideales por los que lucha y se compromete. Si hablas a menudo con tus padres, descubrirás más fácilmente a quién puedes hacerle el regalo de tu amistad y a quién mejor que no.

B Ex 20,12; Prov 19,20; 1 Cor 13,4-8 **CCE** 2230 **Y** 372 **AL** 18, 123 **CV** 15

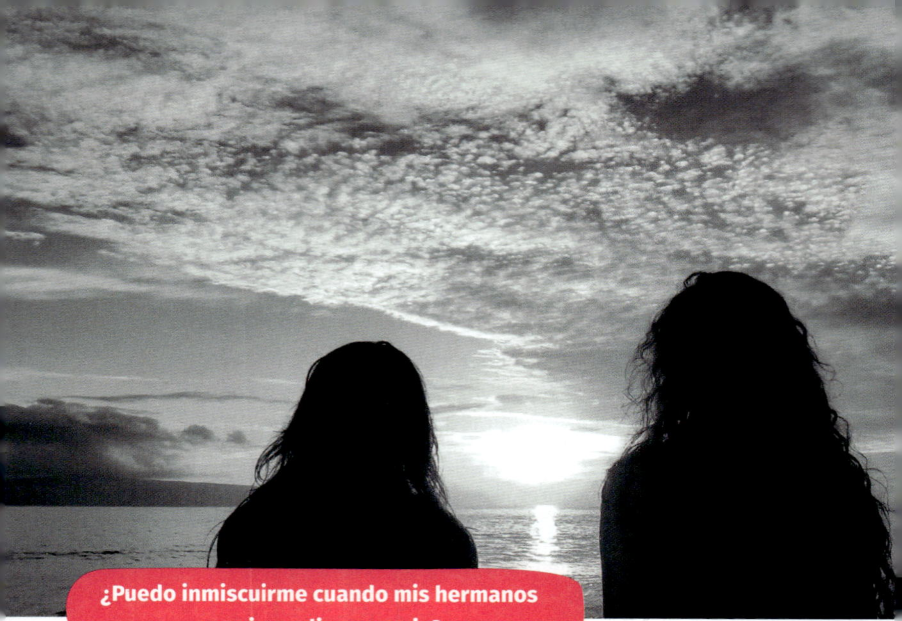

¿Puedo inmiscuirme cuando mis hermanos o amigos eligen pareja?

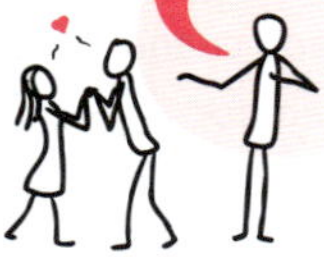

Aunque seas hermano, hermana o el mejor amigo, no deberías dar un consejo no solicitado ni hacer siquiera una advertencia. Forma parte de la libertad personal de un ser humano escoger por sí mismo a la persona con la que quiere compartir para siempre su vida.

Si callas, calla
por amor;
si clamas, clama
por amor;
si corriges, corrige
por amor;
si perdonas, perdona
por amor.

SAN AGUSTÍN (354-430), doctor de la Iglesia

Pero puede suceder que tu conciencia te diga: ahora tienes que decir la verdad, aunque te cueste tu amistad. Ese es el caso cuando estás totalmente seguro de que la persona elegida calla u oculta algo decisivo, p. ej., una relación que todavía prosigue, antecedentes penales, una condición patológica, una doble vida, deudas, una enfermedad adictiva, inclinación a la violencia, etc. Entonces deberías tener el valor de decirlo en privado. Pero la verdad debe decirse siempre con amor y nunca imponerse.

B Eclo 11,7 **CCE** 2488-2489 **Y** 457 **AL** 217 **CV** 292

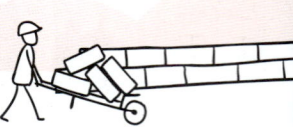

2 Ponte en forma   85

¿Cómo aprendo a perdonar a los que me han herido?

En toda relación, tarde o temprano se hiere a la otra persona y uno mismo es herido por ella. Si no existiese el perdón, un amasijo de recuerdos negros se acumularía en el suelo del amor para destruirlo algún día. Perdonar de corazón y por completo es el camino real hacia el amor duradero. La mejor manera de aprender a perdonar es mirar a Jesús. En efecto, después de todo, el perdón no es de este mundo. El perdón es un regalo de Dios. Fue Jesús quien rompió la espiral de violencia y contraviolencia. En medio del mal, él hace posible nuevos comienzos, no envenenados por la rivalidad, las segundas intenciones y los deseos ocultos de venganza. Partiendo de Jesús, hay «bloques de construcción» que conducen al perdón; y ustedes deberían trabajar permanentemente con ellos.

> Aun cuando hubieses cometido todos los pecados de este mundo, Jesús te dice: «Tus pecados te son perdonados, pues has mostrado un gran amor».
>
> **PADRE PÍO** (1887-1968), uno de los santos más populares de Italia

Un primer bloque es la **misericordia**: el otro no es mejor que tú.
El segundo bloque es el **recuerdo**: tú mismo has sido perdonado mil veces por Dios (y, seguramente, también por otros seres humanos); hazles ese regalo también a los demás.
El tercer bloque es la **fe**: por el bautismo perteneces a Cristo, estás reconciliado con Dios, has aceptado el estilo de vida de Jesús y, con su ayuda, puedes sentar nuevos comienzos del amor —aun en medio de un entorno hostil y no reconciliado—.

B Mt 18,21-22 **CCE** 2842 **Y** 524 **AL** 105-108, 240 **CV** 217

Juntos

y

ya

no

solos

CAPÍTULO

3

Cómo podemos encontrar,
con valentía y alegría,
el camino que recorreremos
juntos

Dios es amor. Y eso también dice ya lo esencial sobre el ser humano: puesto que estamos hechos enteramente a imagen de Dios, no podemos vivir bien sin experimentar amor, sin comunidad, sin dar y recibir. Ya en el paraíso dice Dios: «No conviene que el hombre esté solo» (Gn 2,18). ¿Quién no anhela amigos, comunidad, personas con las que pueda compartir su vida?

Volvamos al paraíso: de pronto, aparece allí Eva. No es una copia de Adán. No corresponde a las expectativas: es totalmente distinta, empezando por la anatomía, y en lo demás también. Pero se adecúa exactamente a Adán. Adán está entusiasmado. ¡Guau! «¡Esta sí que es hueso de mis huesos y carne de mi carne!» (Gn 2,23). A partir de entonces, todos los Adanes de este mundo están tan fascinados por las Evas que cortan la relación más fuerte que existe: la que se tiene con los padres: «Por eso el hombre deja a su padre y a su madre y se une a su mujer» (Gn 2,24). Estas Evas parecen valer tanto como para que un hombre abandone todo por esa criatura encantadora, se vaya detrás de ella y comience con ella algo nuevo donde es mejor que los padres no estén presentes: ambos se vuelven «una sola carne» (Gn 2,24).

Volvamos al paraíso: de pronto, aparece allí Eva. No es una copia de Adán. No corresponde a las expectativas: es totalmente distinta, empezando por la anatomía, y en

SER UNA SOLA CARNE

GUAU!

lo demás también. Pero se adecúa exactamente a Adán. Adán está entusiasmado. ¡Guau! «¡Esta sí que es hueso de mis huesos y carne de mi carne!» (Gn 2,23). A partir de entonces, todos los Adanes de este mundo están tan fascinados por Eva que cortan la relación más fuerte que existe: la que se tiene con los padres: «Por eso el hombre deja a su padre y a su madre y se une a su mujer» (Gn 2,24). Estas Evas parecen valer tanto como para que un hombre abandone todo por esa criatura encantadora, se vaya detrás de ella y comience con ella algo nuevo donde es mejor que los padres no estén presentes: ambos se vuelven «una sola carne» (Gn 2,24).

Antes de entregarse a alguien hay que considerar algunas cosas. Y realmente no hay época más apasionante que la que va desde el conocerse hasta la llegada el altar. En este capítulo nos plantearemos las preguntas, las dudas y los problemas que les salen al encuentro cuando ustedes se internan en un camino común del que todavía no saben si los llevará a unirse definitivamente o si Dios tiene otros planes.

¿Quieres vivir solo o en un matrimonio? Aquí no hay «mejor» o
«peor». La mejor forma de vida es
aquella a la que te impulsa tu anhelo interior. Dios
no forzará en ti ninguna vocación: con amor te dará
señales para que descubras lo que realmente se adecúa a ti personalmente. No obstante, hay personas a las
que les habría gustado casarse y no encontraron a nadie.
Para ellas puede ser difícil descubrir el plan de amor de
Dios, un plan que existe con toda seguridad. Permanecer
solo también puede ser una vocación que, a su manera, te
libera para el amor. Como cristianos Dios nos invita especialmente a dos formas de vida: al matrimonio (Gn 2,18.24)
o al celibato por el reino de los cielos (Mt 19,12).

> **¿Qué es mejor:
> quedarme soltero o casarme?**

Ser soltero puede significar ser libre para algo
grande. Pero también podría ser que alguien se diga:
¡Magnífico! ¡No tener responsabilidades, no tener
vinculaciones, no tener hijos! ¿Qué más quiero? Pero
el que solo quiere libertad porque rehúye la vinculación arriesga su felicidad. Amar e involucrarse con
el otro cuesta libertad, tiempo, fuerza, nervios, lágrimas... en pocas palabras, cuesta la vida. Pero existe
la paradoja del amor. Tú das todo, pero también re-
cibes todo: vida en plenitud —alegría, risas, cercanía,
calidez, cobijamiento, ternura, hogar, aventuras—.

> " Son nuestras
> elecciones las que
> muestran lo que somos,
> mucho más que nuestras
> habilidades.
>
> **JOANNE K. ROWLING**
> (*1965), escritora inglesa

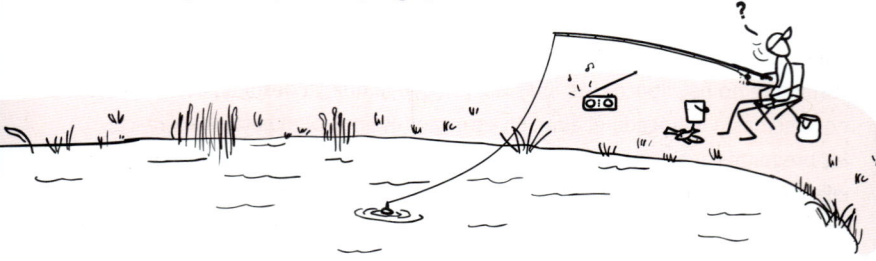

B Dt 30,19-20; Mt 19,12; 1 Cor 7,9 **CCE** 1618-1620, 2349 **Y** 265 **AL** 33, 34

¿Cuál es el valor añadido de casarse?

Casarse significa respaldar al cien por ciento el amor que los une. Como novio y novia muestran a la sociedad a alguien «digno de ser amado incondicionalmente» (Papa Francisco, AL 132). Delante de amigos y familiares, pública y solemnemente, se dejan tomar la palabra. Ustedes mismos comprenden mejor que ya no son solteros, sino una pareja que se ha unido para siempre en libertad. Recibir el «sí» definitivo de la persona amada crea un espacio de apoyo mutuo y de hogar y merece una fiesta grandiosa.

FLASH 7 LIGHT

Antes de la boda yo tenía muchas preguntas en la cabeza. ¿Estoy dispuesta a aceptarlo totalmente, también en sus debilidades y con todas las cargas previas que él lleva consigo? ¿Somos demasiado diferentes? ¿Es suficientemente fuerte nuestro amor? ¿Hay quizá otra persona para mí? Y eso a pesar de que ya antes del compromiso estaba muy segura de que estamos destinados a estar juntos para siempre. Casarnos le ha hecho tanto bien a nuestra relación porque ya no está todo sometido a examen. Nos hemos decidido y ahora solo hay camino hacia delante. De ese modo hemos ganado en libertad y tenemos de nuevo más recursos para los desafíos de cada día y para nuestra visión común.

LUCÍA, Austria

En algunas sociedades, «casarse» ya no parece atractivo hoy en día. ¿Por qué no mantener abiertas todas las posibilidades? Al parecer, solo cuentan argumentos como: te ahorras impuestos, te mantienen, estás económicamente asegurado. El verdadero argumento posee una belleza distinta y dice: porque la esencia del amor es un «sí» incondicional. En algunos idiomas, como el inglés y el alemán, contraer matrimonio se expresa con el verbo correspondiente a «cerrar» (como en español «cerrar un trato»). Así, cuando contraen matrimonio, ustedes se atreven a que la puerta que dejan atrás se cierre, que no haya vuelta atrás. El amor es una aventura. El amor apuesta todo a una carta. Lo apuesto todo por el futuro. Lo apuesto todo por ti.

B Gn 2,24; Rut 1,16-19 **CCE** 1603-1605 **Y** 265, 406 **AL** 131-132 **DC** 11 **FC** 3

¿Qué diferencia hay entre amistad y amor?

Puedes tener muchísimos amigos a los que quieres de corazón. Pero hay un amor que le regalas a una única persona, con la que compartes toda tu vida: mesa y cama, casa y bienes, presente y futuro. Y, en el mejor de los casos, tu cónyuge es al mismo tiempo tu mejor amigo o amiga.

> Resulta increíble cuán astuta e ingeniosa es la gente cuando se trata de eludir la decisión última.
>
> **SØREN KIERKEGAARD**
> (1813-1855), filósofo danés

B Prov 17,17
Y 402
CCE 2347
AL 123, 125

A partir de una relación de amistad puede surgir un matrimonio. Pero se traspasa un determinado límite que, antes, siendo amigos, era tabú. Ya la amistad es un camino exigente. Pero cuando le dices a alguien «te amo» se da un salto hacia un mundo nuevo. Esperas que el otro también salte... El camino inverso, del amor a la amistad, puede funcionar, pero suele ser difícil y a menudo está asociado con heridas, por lo menos en una de las partes. A veces, en tal caso la «amistad» se mueve en un área gris situada entre la esperanza y la decepción (relaciones *on-off*, etc.).

¿Hay algo en contra de conocer a alguien por Internet?

Si estamos en la era digital, ¿por qué no habría de ser posible conocerse por Internet o incluso buscar el gran amor en un portal apropiado? Pero averiguar si ustedes son realmente compatibles es algo que solo pueden hacer en la vida real.

En especial si eres creyente puede no resultar fácil encontrar a alguien que sienta y actúe como tú. Echar un vistazo a Internet es posible, pues, quizá, de ese modo puedes conocer más fácilmente a la persona junto a la cual puedes caminar hacia Dios. Pero quién es realmente el otro es algo de lo que solo te enteras cuando te encuentras con él en la realidad. Ambos tienen que dar el salto del mundo digital al mundo analógico. No pierdas de vista el riesgo: en Internet cualquier bicho raro puede crearse una identidad falsa. Pero ten en cuenta también cuál es la impresión que tú mismo podrías causar.

Sí, puedes conocer a alguien en Internet, pero si las cosas han de llegar más lejos es importante conocerse cara a cara. A menudo los sentimientos son distintos cuando el encuentro es *online*. Ten cuidado. El primer encuentro debería tener lugar en un lugar concurrido y deberías informar a tus padres/familiares/amigos. Nunca se sabe lo que puede pasar.

NADIA, Indonesia

¿Soy una persona plenamente valiosa si no encuentro pareja?

No encontrar a la persona correcta no significa nunca que uno no lo sea. Tú eres siempre un ser humano visto, querido y amado por Dios. De un modo u otro Dios recorre su camino contigo y quiere que te desarrolles como ser humano. Ten confianza en la conducción de Dios. Exponerte ciegamente a su conducción es una gran oportunidad y un gran ejercicio en el tiempo de la espera y de la búsqueda.

Da un paso valiente: deja de buscar… y déjate encontrar. Si tienes la convicción de que es Dios el que conduce tu vida, él te mostrará la dirección correcta. Puede ser que la persona «correcta» llegue todavía; puede ser que, entretanto, tú debas madurar humana o espiritualmente. Pero también puede ser que tu búsqueda quede insatisfecha. Entonces, considera tu mayor libertad y dirige la mirada hacia otras puertas que Dios te abra. El tiempo de la espera es un período importante para crecer en Dios, para traerlo a tu cercanía en la oración y para clamar cada vez más fuerte en tu interior: «¡Señor, condúceme tú! ¿Qué puede ser mejor que depositar mi confianza en ti?». El tiempo de la búsqueda no es nunca un tiempo perdido. Más adelante sacarás provecho de la mayor cercanía de Dios que ha crecido en ti en ese tiempo.

Lamentablemente, la cultura india mira siempre con menosprecio a las personas solteras. Pero la Iglesia tiene una vocación, un «ser célibe para Dios». Por eso, en la comunidad cristiana deberíamos desarrollar una mayor sensibilidad para ese tipo de vocaciones.

MARÍA, India

¿Realmente puede existir amistad entre un hombre y una mujer sin que de allí surja una relación sexual?

La amistad entre un hombre y una mujer es posible, pero no carece de complicaciones y, a veces, supone hasta jugar con fuego. En efecto, uno de los dos podría esperar más de esa amistad.

Antes de que encuentres al amor de tu vida es muy bueno que tengas un grupo de amigos mixto en el que conozcas el modo de ser de hombres y mujeres, en el que aprendas cómo aceptarse mutuamente. Además, allí tienes la oportunidad de conocer, entre muchas otras, a la persona que sea tu complemento ideal. En una amistad entre el varón y la mujer puede desarrollarse fácilmente una tensión erótica. Por eso, ambos tienen que estar seguros de que la cosa no vaya a «más», tampoco en el rincón más escondido del alma. Por eso, pregúntate qué es lo que se suscita en tu interior: ¿Cuánto tiempo paso con alguien que es solamente un «buen amigo» o una «buena amiga»? ¿Podrían mis palabras despertar expectativas erróneas? ¿Qué tan lejos dejo que llegue la cercanía física? ¿Siempre podría entrar una tercera persona al lugar donde estamos? ¿Puedo hablar abiertamente sobre esa amistad con mi cónyuge, con mi madre, con mi confesor?

> El amor de amistad no tiene ninguna vinculación con nuestros nervios; no hay en él nada que acelere el pulso o lo haga a uno empalidecer o sonrojarse.
>
> **C. S. LEWIS** (1898-1963), escritor irlandés

B Prov 2,11-17 **CCE** 2347 **Y** 404 **DC** 2

¿Qué pasa si el otro se enamora de mí, pero yo no del otro?

Pon fin a la historia antes de que comience.

Si uno no puede imaginarse en modo alguno una relación determinada, hay que decirlo con honestidad y apertura. Porque uno no debe permitirse disfrutar de las atenciones del otro y, de ese modo, jugar con sus sentimientos. Ni siquiera el miedo a quedarse eventualmente solo debe llevarnos a alimentar falsas esperanzas en otras personas.

🅑 CUANDO USTEDES DIGAN «SÍ», QUE SEA SÍ, Y CUANDO DIGAN «NO», QUE SEA NO.

B Sant 5,12
CCE 2468
Y 455

Mt 5,37

¿Cómo puedo frenar el enamoramiento si no quiero enamorarme?

Estar enamorado significa que encuentras a alguien atractivo y atrayente, y eso es lícito. No hay ninguna razón para condenarte por eso. Pero todo depende de qué haces con ese sentimiento. A veces hay razones de peso para no involucrarse en el amor con otra persona, por ejemplo, porque está casada, porque tú mismo estás ya vinculado o porque, simplemente, todavía quieres esperar para entrar en un vínculo firme. Enamorarse no es una fuerza superior de la naturaleza. Tú decides si alimentas determinados sentimientos en ti. Si te sientes atraído, pero no quieres, evita el contacto. Si no es posible, reduce al mínimo el tiempo que pasan juntos. También necesitas distancia en los pensamientos. Las ensoñaciones refuerzan los sentimientos.

Un par de consejos: considera las razones por las cuales no quieres tener nada especial que ver con esa persona. En ellas puedes hacerte fuerte si te resulta difícil mantener la distancia. No la felicites por su cumpleaños. Asegúrate de que esa persona no pueda encontrarte en Internet. Oculta a esa persona en tu *timeline* o incluso bloquéala. Borra las fotos que tienes con ella. No la busques en Google.

Aprende a quién permites entrar en tu vida.

DORA, Croacia

¿Cómo se puede encontrar a alguien si uno descarta tener sexo antes del matrimonio?

En algunas culturas eso no es sencillo hoy en día, porque resulta fácil encontrar sexo sin vinculación. En cualquier caso, sería mejor que no busques el amor en la plaza del mercado, sino en aquellos lugares donde puedes encontrar gente con tus mismos ideales.

B 1 Cor 6,12-20
Y 407, 408
AL 283, 284

La gente inteligente no deja el amor librado totalmente al azar. Nada hay en contra de ir a la playa, a discotecas o a estadios de fútbol. Pero la posibilidad de encontrar allí al amor de tu vida es reducida. Por eso, piensa dónde hay gente de la cual puedas suponer que comparten tus ideales. Ve precisamente a esos lugares y, preferiblemente, sin intenciones directas. Haz amistad con mucha gente, implícate desinteresadamente. Muestra lo mejor de ti mismo. Entonces el amor podría sorprenderte. Tienes buenas posibilidades, por ejemplo, con jóvenes cristianos comprometidos. Y también es una buena idea buscar en Internet. Allí puedes presentarte con tranquilidad, con todo lo que es importante para ti. Así ahuyentarás a cientos de personas equivocadas y, quizá, fascines a la persona indicada.

¿Cómo puede uno resistirse a la presión social si quiere esperar hasta el matrimonio para tener sexo?

«Ustedes están locos», dicen los medios. La gente te mira raro. Algunos se ríen. ¿Cómo puedes, aun así, seguir tu camino? Un hombre inteligente dijo una vez: «Dame un punto de apoyo y levantaré el mundo». Ese punto desde el cual puedes vivir tu ideal es la fe en Dios. Si esa fe es lo primero en tu vida y compartes tu fe con otros jóvenes cristianos, tienes el punto de apoyo más fuerte que pueda imaginarse. De otro modo, harás lo que hacen todos.

Si hoy en día todo el mundo tiene sexo, si en promedio hacen falta solo tres citas para tener sexo, pero hoy el 50 % de las parejas se divorcia... entonces yo no quiero ser como todo el mundo.

JOSHUA, Australia

Muchos hacen como si el esperar hasta que esté dado el marco del matrimonio para «ser una sola carne» (Gn 2,24) fuese una posición totalmente excéntrica. La Iglesia católica sostiene desde hace 2000 años que el lugar apropiado para la unión sexual entre el varón y la mujer es el matrimonio. Se trata del «yo me entrego a ti y tú te entregas a mí». Si se lo toma en sentido estricto, uno solo puede entregarse una única vez. Es una postura muy razonable que protege a las personas de la comercialización del amor.

B 1 Cor 15,58; Mt 6,33 **AL** 1181

¿Con qué disposición debería entrar en una relación amorosa?

Con el paso de la amistad a la relación amorosa pronuncias un primer «sí» responsable al otro. Esto no significa ya un sí definitivo al matrimonio, pero los dos tendrían que ponerlo seriamente en consideración. Lo importante es permanecer fiel a sí mismo. No se trata de adecuarse, sino de que las diferencias entre uno y otro se complementen. Por lo tanto, ten la valentía de mostrarte como eres. Examina también tus expectativas con respecto a la relación. Una relación amorosa es algo maravilloso, pero no resolverá automáticamente todos tus problemas ni tampoco podrá satisfacer todas tus necesidades.

En primer lugar, aclara qué valores son importantes para ti. Por ejemplo: si quieres una familia, no te involucres con nadie que no quiera niños. ¿Qué estilo de vida es esencial para ti? Si para ti la fe es importante, no te involucres con nadie que te quiera convencer de dejarla. Sé consciente de que hay tres cosas que la gente raras veces cambia: su carácter, sus improntas familiares y sus principios. Por eso es importante conversar para comprender qué esperan ambos de la relación, qué cosas son importantes para ustedes y qué aporta cada uno para poder desarrollar un fundamento común.

> El amor a primera vista es tan fiable como el diagnóstico al primer apretón de manos.
> **GEORGE BERNHARD SHAW**
> (1856-1950), dramaturgo irlandés

B Flp 4,8 **AL** 210

Las «mariposas en el estómago» ¿son una señal segura del amor?

No.

Las «mariposas en el estómago» son estupendas y el cosquilleo que se siente al comienzo de una relación de amor es maravilloso. Las mariposas pueden seguir estando, dormir por un tiempo y más tarde regresar. Hay muchos otros estadios por los que atraviesa un amor auténtico. Ese amor tiene que tener los pies en la tierra, ser sobrio y decidido, llegar totalmente al otro: «Ya no se busca a sí mismo, sumirse en la embriaguez de la felicidad, sino que ansía más bien el bien del amado» (Benedicto XVI, *Deus caritas est* 6).

>> A punta de pistola puede usted obligar a una persona a cualquier cosa. Pero no a que ella lo ame.
KARL-HEINZ MENKE (*1950), teólogo alemán

B Jr 17,9, 1 Cor 13,8 **Y** 402 **CCE** 1643 **AL** 163 **DC** 17

¿Existe el amor a primera vista?

Sí, existe. ¡Pero no reserven de inmediato la torta de la boda! Permítanse también considerar su amor a una «segunda vista».

> Por ello, el que vaya a atarse para siempre, ¡que pruebe, antes, si el corazón se aviene al corazón! La pasión es corta; el arrepentimiento, largo.

FRIEDRICH SCHILLER (1759-1805), poeta alemán

> Por ello, el que vaya a atarse, ¡que siga probando para siempre…!

Malentendido actual del poema de Schiller

Es verdad que hay personas que se cruzan por el camino de forma aparentemente casual y que, con seguridad intuitiva, reconocen que están destinadas la una a la otra. Y que, con el tiempo, constatan que realmente coinciden y se preguntan: ¿Por qué no nos casamos? Pero eso es casi un milagro. Normalmente, una certeza tan fuerte crece a lo largo de un tiempo relativamente largo. El «amor a segunda vista» puede ser igual de fuerte que el «amor a primera vista». Así pues, aun cuando estén espontáneamente seguros, tómense un tiempo para conocerse realmente.

B Rom 12,2; 1 Tes 5,21-22 **CCE** 1738 **D** 56 **AL** 33 **DC** 6 **FC** 6

¿Pierdo mi libertad si me involucro en una relación de amor?

No. Una relación de amor no es una jaula ni una cárcel. Pero la libertad no consiste en mantener abiertas todas las puertas. Si te decides por una puerta concreta, si le dices «sí» a una persona, estás ejerciendo tu libertad. Una libertad auténtica significa decir un sí de todo corazón al bien, y eso es precisamente lo que ocurre en el amor.

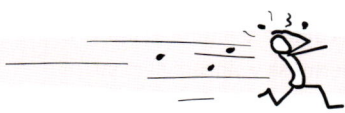

Queridos jóvenes, se aprende a elegir a través de las pruebas de la vida, y en primer lugar recordando que nosotros hemos sido elegidos. Este recuerdo debe explorarse y educarse. Hemos recibido la vida gratis, sin elegirla. No somos fruto de nuestra decisión, sino de un amor que nos ha querido.

PAPA LEÓN XIV, Vigilia con los jóvenes, 2 de agosto de 2025

La libertad la hemos recibido de Dios para utilizarla, es decir, para tomar decisiones. No decidirte, por ejemplo, entre el fútbol y el ballet, lleva a que, al final, no juegues bien al fútbol ni tampoco bailes bien. Decidirse significa desarrollarse. Cuando te decides sacas lo mejor de ti, conquistas mundos nuevos. Lo mismo ocurre con el amor, aunque implique asumir responsabilidades, restringir la propia libertad en atención a otros, hacer concesiones, ser considerado.

¿No se debería probar, antes de casarse, si también se es compatible en la cama?

No. Ciertamente es importante tener cercanía corporal también antes del matrimonio a fin de ver si se suscita una armonía en cuanto a la ternura —y sin por ello entregarse totalmente a una persona que pudiese no ser la correcta—. En efecto, con el mero sexo ustedes no descubrirán si son realmente la pareja correcta el uno para el otro. De todos modos, en la primera relación sexual no tendrán la mejor experiencia. Cuanto más se conozcan, cuanto más profunda sea la confianza mutua, tanto más hermosa y sincera será su vida amorosa e irán creciendo en mutua cercanía también en lo sexual. El sexo presupone el «sí» definitivo al otro, y no es un punto de control al comienzo sino una cosecha en largos caminos de confianza.

Tener sexo de forma real es totalmente distinto de lo que conoces a partir de las series: te introduces en una situación de una intimidad incomparable. No solamente te desnudas físicamente, sino que también te muestras sin protección, te dejas tocar, aprehender. Lo último que puedes necesitar en ese momento es alguien que dedique la circunstancia a verificar si eres la persona adecuada.

No se puede vivir solamente de prueba; no se puede morir solamente de prueba. No se puede amar solo de prueba, aceptar a una persona solo de prueba y por un tiempo determinado.
SAN JUAN PABLO II, PAPA

¿«Dios los cría y ellos se juntan» o «los polos opuestos se atraen»? ¿Cuál de los dos dichos es verdad?

Paradójicamente, ambos dichos son ciertos.

Hay matrimonios buenos porque están determinados por una gran armonía de las almas. Y hay matrimonios que funcionan porque su vitalidad y frescura proceden de una diversidad apasionante. En la mayoría de los matrimonios se da una mezcla de ambas cosas. La igualdad proporciona seguridad, calma y sensación de hogar, pero también puede convertirse en aburrimiento. La diferencia puede ser fructífera y abrir a cosas nuevas, pero también puede resultar agobiante debido a la intranquilidad. Los criterios decisivos son la voluntad de considerar el ritmo y la fuerza del otro, así como el interés permanente del uno en el otro y la voluntad común de crecer.

¿Cuándo ha llegado el momento de pensar en el casamiento?

Esta pregunta no puede responderse de la misma manera para todas las personas ni tampoco para todas las culturas. Ciertamente se puede decir: no se casen de forma precipitada ni con demasiadas vacilaciones; no se casen por contentar a los padres ni para librarse de los padres; no se casen por ideales románticos ni por presión externa; no se casen porque un hijo viene en camino ni porque el reloj biológico sigue avanzando. Tampoco se casen para ascender económica o socialmente. Dicho de otro modo: cásense cuando ambos sepan que es correcto hacerlo...

Con el tiempo va creciendo un conocimiento lleno de certeza que no proviene ni de uno ni del otro. A través del diálogo y en la oración se irá haciendo fuerte en medio de ustedes una certidumbre. Entonces puede que haya todavía mil obstáculos que les impidan cumplir de inmediato su deseo, pero ustedes perseguirán con pasión esa meta. No dejen que nada ni nadie los disuada.

FLASH 8 LIGHT

El momento de casarse ha llegado cuando los enamorados han conocido también sus defectos y debilidades y cuando ambos están dispuestos a tolerarlos o a trabajar sobre las debilidades.

CHIBUEZE, Nigeria

¿Cómo puedo casarme si veo que, aparentemente, el gran amor solo existe en las películas?

¡Claro que existe el gran amor en la vida auténtica! Miren a los héroes de la realidad: matrimonios que realizan durante toda una vida el proyecto de la fidelidad. Sí, es bonito sumergirse en las películas que tocan nuestro corazón o que nos dan que pensar. Pero no deberíamos confundir las historias románticas de los medios con la realidad. Unas veces nos muestran el gran amor como un drama de sacrificio abnegado, otras se pretende que el gran amor se realiza en un atrevido adulterio. No es en las series donde podrán experimentar qué es el gran amor. Su propia película, en la que ustedes son protagonistas, será una aventura: dos personas que apuestan todo a una sola carta, que se deciden definitivamente la una por la otra.

El amor, la fidelidad, la entrega, son todas decisiones. Y Dios dice: ¡Funciona! Yo les doy mi bendición, que es más grande que todas las novelas y películas de mal gusto. ¡No orienten su vida por las tendencias que aparecen en los medios! Construyan sobre Dios, y su vida será más apasionante y más plena que cualquier película.

> ¿Qué si la felicidad infinita se halla allí, a nuestra espera? ¿Qué si uno puede llegar al extremo del arco iris?
>
> **C. S. LEWIS**

> **¿Cómo puedo estar totalmente segura/o de que él/ella es realmente la persona correcta?**

Difícilmente haya otro período de tu vida en que debieras rezar con tanta intensidad como en el de la elección de pareja. Dios quiere realmente que seas feliz. Él respeta tu libertad; al mismo tiempo, te ayuda a reconocer si estás en el camino correcto.

Pregúntate, por ejemplo:

➡ ¿Soy aceptado/a tal como soy?

➡ ¿Puedo aceptar al otro tal como es?

➡ ¿Me hace libre la relación?

➡ ¿Me siento protegido/a?

➡ ¿Siento que el otro es un regalo de Dios para mí?

➡ ¿Puedo mostrarme también vulnerable y débil ante el otro?

➡ ¿Puedo confiarle realmente todo?

➡ ¿Podemos reír de las mismas cosas?

➡ ¿Podemos solidarizarnos mutuamente en presencia de otras personas?

➡ ¿Me siento atraído/a por el otro tanto en lo físico como en lo intelectual o espiritual?

➡ ¿Respeta el otro las cosas que son más importantes para mí?

➡ ¿Ambos nos esforzamos por comprender siempre de nuevo al otro y por recorrer un camino en común?

Verifica cómo trata tu pareja a su familia y cómo son sus amigos.

ANASTASIA, India

TEMA ESPECIAL

Prometer matrimonio es una antigua tradición que hoy se está redescubriendo —aunque, a veces, por razones externas (¡Guau, qué anillo tan increíble! ¿Cómo fue la petición de matrimonio?)—. Pero realmente hay buenas razones para prometer matrimonio.

Quien promete matrimonio declara seriamente su intención de casarse. A diferencia de lo que pudiera pensarse, no se trata de un plan inmediato de boda, sino de una fase nueva e intensiva de prueba de la relación. Esto incluye también la posibilidad de que, aun así, la pareja se separe y no se deslice sin más hacia el matrimonio.

Compromiso matrimonial

Muy querida Emilia:

Realmente nos hemos comprometido. Todavía no lo he asimilado por completo. Se lo hemos dicho a nuestros amigos, a la familia, y estoy feliz por ese paso. Quiero que todo se sienta muy bien y que, cuando más adelante nos casemos, pronunciemos el «sí» más honesto posible. Todavía estás libre. Yo también estoy libre todavía. Utilicemos ese tiempo como una oportunidad para examinar seriamente si de todo corazón podemos decir: «Me entrego a ti, y prometo serte fiel, amándote y respetándote durante toda mi vida».
¡Te quiero mucho!

Juan

¡Si alguien es inconstante en la profesión y no demuestra ser fiable y estable, no se puede presuponer que vaya a comportarse de forma diferente en el matrimonio y la familia.

El que es fiel en lo poco, también es fiel en lo mucho.

Lc 16,10

Sin embargo, a veces las personas necesitan más tiempo para salir adelante y encontrar su lugar en la vida. Aquí es oportuno fijarse bien y también pedir consejo y ayuda de terceros, en especial si los problemas persisten durante un tiempo relativamente prolongado. Pero si falta por completo la buena voluntad y no existe ninguna disposición ni capacidad para cambiar, no tiene sentido mantener la relación.

¿Cómo puedo poner fin a una relación de manera correcta?

¡Si notas que los caracteres, los valores y objetivos de ustedes dos son tan distintos que chocan constantemente y se desgastan todo el tiempo, deberían hablar abiertamente del tema. Esa situación no parece ser la base para un buen matrimonio. Antes de que una relación difícil se prolongue innecesariamente, pónganle fin, y háganlo correctamente. Correctamente significa sin herirse el uno al otro, no desapareciendo o haciéndose el muerto. No hacerlo a través del móvil ni tampoco con un vago «tal vez...». En definitiva, una relación a medias los priva a los dos de la oportunidad de encontrar la «otra mitad» que verdaderamente les conviene. De modo que asegúrate de reunir las fuerzas para poner las cartas sobre la mesa, y en un encuentro personal.

Una manifestación de esa índole puede herir profundamente, en especial si uno de los dos ya ha abandonado toda esperanza pero el otro sueña todavía en un rincón de su corazón con un futuro en común. Lo importante es que en un momento semejante no se desprecien ni se llenen de reproches. Lo adecuado son frases claras como «Deberíamos separarnos porque...». También habría que decir cosas como: «Te agradezco por...». «He aprendido a tenerte estima...». No podrán evitar el momento triste, pero, cuando el tiempo haya sanado las heridas, recordarán una despedida correcta y digna. Algo que no habría que hacer en ningún caso es compartir después lo más personal de ustedes con terceras personas

Saber qué es lo que es justo y no hacerlo es cobardía.
CONFUCIO (551-479 a.C.), filósofo chino

F L A S H
9 ♥
L I G H T

¿Debo poner fin a una relación si me aparta de Dios?

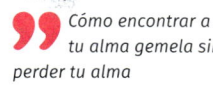

Dios es más importante que todo. Si estás seguro de que la relación te aparta de Dios, tienes que ponerle fin. Si existe una posibilidad de que puedas vivir solo o sola tu fe o tu pareja incluso te alienta a hacerlo, puedes asumir el riesgo.

> *Cómo encontrar a tu alma gemela sin perder tu alma*
>
> **JASON Y CHRYSTALINA EVERT,** terapeutas familiares estadounidenses, autores del libro que lleva ese título

Antes de poner fin a una relación habría que preguntarse si existe algún camino por el cual Dios pueda llegar a esa relación. ¡Presta oídos a tu interior! Quizá Dios te llama a poner al otro en el camino hacia él. Pero piensa: «matrimonio» designa una unión en el plano del alma, del pensamiento y del cuerpo. Y no poder llegar (todavía) a la unidad en un punto decisivo es un riesgo que solo puedes asumir estando en constante unión con Dios.

> Si el amor te aparta del Amor, no te hace bien.
>
> **MAURICIO Y JINA,** España

B Dt 6,13-14; Lc 4,8; 1 Cor 7,12-14 **CCE** 2094-2096 **Y** 352 **AL** 228

¿En qué notaré que el otro solamente está jugando conmigo?

Que alguien piense solamente en sí mismo y en su propia ventaja no lo notarás el primer día ni tampoco el segundo. Tampoco lo notarás en la intensidad de los sentimientos que haya entre ambos. El diagnóstico se hace más bien a la inversa: si el otro te trata con paciencia, te consuela, te alienta, si te quita obstáculos del camino, si superan juntos dificultades y persiguen proyectos con perseverancia, notarás que no es ningún egoísta.

➡ ¿Puedes fiarte de la otra persona, o ella suele tranquilizarte con excusas?

➡ ¿La relación se da en pie de igualdad, o te trata con aire de superioridad?

➡ ¿Te acosa físicamente?

➡ ¿Se interesa por tu mundo? ¿Se ocupa de tus problemas? ¿Comparte tus sueños?

➡ ¿Se acerca a ti, o eres solamente tú quien impulsa e inspira?

➡ ¿Trabaja la otra persona solamente para sí y para su propio progreso?

➡ ¿Cómo trata la otra persona con niños, con animales, con sus hermanos y sus padres? ¿Piensa de forma cuidadosa acerca de ellos? ¿Es amorosa con ellos?

➡ ¿Te da sorpresas sin esperar contraprestaciones de tu parte?

➡ La persona que amas ¿podría esperarte si no estuvieses en su cercanía durante algunas semanas o meses?

➡ ¿Sabes si reza por ti?

Si la otra persona te ama de verdad, se esforzará por hacerte el bien: rezará por ti cada día, te será fiel afectiva y físicamente, aspirará a realizar un proyecto de vida común contigo, te escuchará y te valorará.

JUAN DANIEL Y LUCÍA, España

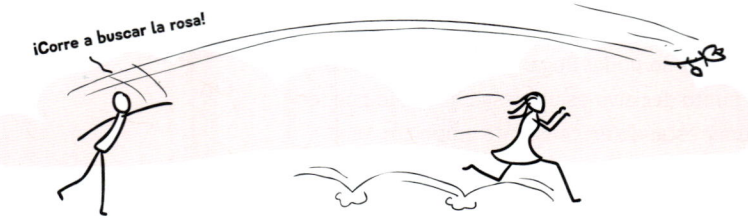

¡Corre a buscar la rosa!

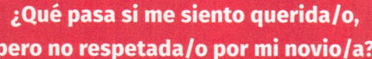

¿Qué pasa si me siento querida/o, pero no respetada/o por mi novio/a?

Si en el amor no experimentas también respeto, no es amor, sino apropiación: en ese caso, eres como una cosa que en una ocasión se puede tratar bien y, en otra, pisotearla. En todo amor tiene que haber un respeto reverencial por la unicidad, libertad y dignidad del otro. Si ese no es el caso, estamos ante un motivo para pensar en poner fin a la relación.

Todo el mundo conoce a mujeres que hablan mal de sus maridos y los menosprecian delante de otras personas. No respetan a su marido y, en realidad, tampoco lo aman de verdad. Todo el mundo conoce a hombres que son mandones con sus esposas: se supone que la mujer debe ser sumisa y funcionar. En realidad, estos hombres no tienen ni respeto ni amor por sus esposas. No en vano, marido y mujer se prometen en el altar no solo amor, sino que su promesa reza: «Me entrego a ti, y prometo serte fiel, amándote y respetándote durante toda mi vida». Y ese amor y ese respeto son dos caras de la misma moneda.

 Maridos, amen a su esposa, como Cristo amó a la Iglesia y se entregó por ella.
Ef 5,25

El amor tiene como signo carac-terístico que libera para la vida y enriquece a los que se aman. El amor hace que se desarrolle lo mejor de ambos. Una relación es tóxica (es decir, venenosa) cuando no hace bien a los que se aman, cuando estos se destruyen mutuamente, se hacen dependientes y se menospre-cian, o cuando, con el tiempo, uno de los dos se atrofia interiormente. Una relación tóxica se reconoce sobre todo en que arrebata la alegría de vivir, el ánimo y la fuerza, y en que, en última instancia, quita más de lo que brinda.

¿En qué noto que una relación es tóxica?

Ocho señas características de una relación tóxica:

1 Sientes que algo no coincide con las expresio-nes de amor.

2 Sientes que el otro te aleja de tus amigos, de tu familia y de tu entorno.

3 Te sientes física, emocional o mentalmente utiliza-do/a.

4 Te sientes más feliz cuando estás solo/a.

5 Sientes que no puedes vivir tus valores y que tus talentos personales se atrofian o son reprimidos.

6 Constatas en ti un agotamiento emocional, te sien-tes apático/a y vacío/a.

7 No sientes ninguna paz en la oración y notas que la otra persona te aleja de Dios.

8 Otros te hacen notar tu postura corporal o la expre-sión de tu rostro: perciben que tu alma está triste.

Es tóxico si tu pa-reja solo te permite tener un lugar a su sombra. Si te aísla. Si se apoya demasia-do en ti. Si no te deja cre-cer. Si ignora sus errores. Si te infunde miedo. Si no puedes imaginarte ningún futuro con ella…
PABLO Y AMALIA,
España

> **¿Cómo hago para llevar bien el que alguien haya roto conmigo?**

Sufres porque se ha roto algo que antes era tu gran esperanza. Estás desconcertado, triste, furioso, y eso durará un tiempo. No debes huir de esos sentimientos sumergiéndote en el trabajo, en el alcohol, dándote un atracón de series o metiéndote en una nueva relación. Tu alma lleva retraso en la absorción de lo sucedido y tiene todavía que llegar hasta ti. Puedes procesar el *shock* de la separación, pero hace falta tiempo, amigos y reconciliación interior para que las heridas puedan sanar y se haga posible un nuevo amor.

El verdadero amor es un regalo: cada uno regala al otro y espera una reciprocidad de amor. Pero no se puede forzar al otro. Si tu amor no es correspondido, tu regalo de amor será valioso precisamente por el hecho de que dejas en libertad al otro. Un amor así puede ser la mejor preparación para aprender realmente a amar. Por lo demás, hay uno que te hace ese regalo día y noche: Dios.

JOHANN, Alemania

➡ ¡Habla, habla y habla! Vete con un amigo o amiga a un bar o a dar un paseo por el bosque más cercano.

➡ Protege tu corazón de los impactos. Evita visitar lugares o mirar cosas que te recuerden a tu ex.

➡ Pon orden, descarta cosas que ya no necesites, haz alguna labor manual: trabaja en el jardín, pinta de nuevo tu habitación. Haz cosas normales y disfrútalas. Ve a una buena peluquería, a una excelente tienda de ropa, a una nueva cafetería.

➡ Revisa tu lista de contactos y llama por teléfono a viejos amigos que no tenían nada que ver con tu relación pasada. Invítalos a comer, cocina para ellos.

➡ Quizá la conversación con un sacerdote o con otra persona de la pastoral sea lo correcto si te cuesta perdonarte y perdonar al otro.

¿Puedo seguir siendo amigo o amiga de mi ex?

¿Es posible que tú y tu ex transformen en amistad lo que una vez fue amor? ¡Una pregunta difícil! Para tu matrimonio necesitas un corazón indiviso. A partir del momento en que ustedes se dan el «sí» frente al altar, toda relación previamente existente tiene que encontrar un lugar nuevo. Esto se aplica incluso a los padres, a los hermanos y, en el fondo, a todas las relaciones sociales. Las amistades pueden seguir existiendo si nunca más ocupan en tu corazón el lugar que ahora le corresponde a tu mujer o a tu marido.

La persona que te rompió el corazón no puede ser la persona que te lo repare. Recuérdalo.
ANÓNIMO

«Por eso, el hombre dejará a su padre y a su madre para unirse a su mujer, y los dos no serán sino una sola carne. De manera que ya no son dos, sino una sola carne» (Mt 19,5-6). ¡Dejar a los padres! ¡Dejar a los amigos! Jesús no dice eso para denigrar las relaciones humanas. Lo dice para reforzar conscientemente el carácter único de la relación de pareja. Una relación pasada insuficientemente aclarada puede convertirse en la manzana de la discordia de un matrimonio. A veces, casarse significa también hacer un corte inequívoco con el pasado.

¿En qué podré reconocer si, tal vez, tengo otra vocación?

Una vocación viene siempre de Dios: sea al matrimonio, sea a la vida en una orden o comunidad religiosa, sea a la vida sacerdotal. Por eso, solamente se la puede reconocer escuchando a Dios.

Es decir, deberías retirarte al silencio, orar, buscar consejo. Si tienes con Dios una relación viva, puedes estar seguro de que él te conduce y de que te dará signos que te indicarán la dirección. Quizá, de forma inesperada, se te abran determinadas puertas y se te cierren otras. Quizá estás con alguien, pero entre ustedes no surge un verdadero encuentro; los acompañan la inquietud, una tristeza frecuente y falta de paz. Es posible que esos sean signos de que todavía no has encontrado tu vocación. ¿Podría sucederte como a Abrahán, que escuchó una voz que le decía: «Deja tu tierra natal y la casa de tu padre, y ve al país que yo te mostraré» (Gn 12,1)? En efecto, quizá Dios te dice: tengo previsto algo diferente para ti...

> **B** Entonces vino el Señor, se detuvo, y llamó como las otras veces: «¡Samuel, Samuel!». Él respondió: «Habla, porque tu servidor escucha».
>
> 2 Sm 3,10

¿En qué puedo reconocer que debería romper un noviazgo, aunque con ello lastime mucho al otro?

Hay mil razones para mantener un noviazgo: promesas, compasión, posesión, invitaciones de boda enviadas, comodidad, acuerdos familiares, prestigio público, dinero, miedo, esclavitud sexual. Ninguna de estas razones es válida. Tienes que dejar esa relación si has reconocido que le falta algo decisivo: la perspectiva, para toda la vida, de un matrimonio feliz, exclusivo, fiel y abierto a hijos.

Presta atención a tu instinto. Conversa con tus mejores amigos. Haz oración al respecto. Escucha a un sacerdote o a una persona de la pastoral. Si en la fase del primer enamoramiento y en el subsiguiente tiempo de prueba no se instala una certeza serena en el sentido de «esta persona y ninguna otra», entonces no solamente puedes dejar esa relación, sino que debes hacerlo. Quizá tengas que reunir todo tu coraje para poner fin a la relación. Quizá tengas miedo de que el otro pueda hacerse daño a sí mismo, degenerar o experimentar alguna otra forma de derrumbe en la vida. Tú no eres responsable de eso. Tienes que hacer el corte de la forma más humana posible, pero no debes ahorrártelo a ti ni ahorrárselo al otro pensando que, al cortar, pudieras causarle mucho sufrimiento.

La intención de permanecer en una relación no debería consistir nunca en llenar un vacío en uno mismo y en huir de la soledad.

SANDRA, Líbano

Tienen sentimientos intensos, creen que es amor y, entonces, hacen la prueba. La aventura de una noche se convierte en una de dos noches. Lo meten todo en una bolsa de plástico y se van a vivir juntos, con la esperanza de que las cosas funcionen, sin grandes explicaciones ni promesas de garantías. Pero amar significa darse un «sí» sin límites, un sí sin límite de tiempo y sin opción de salida. Un sí que vale si ganas la lotería o si, inesperadamente, viene en camino un bebé. Pero también un sí si quiebras, si te enfermas, si pierdes la razón. Un sí a lo agradable y a lo difícil, un sí para hoy, para mañana, para siempre. El amor sin esta promesa es una «obra en construcción» del amor: falta todavía lo más importante, es decir, la confianza y el compromiso.

Los que se aman sienten la urgencia de estar juntos. Esto es lo hermoso de la cuestión. Más difícil es reconocer si se trata realmente de amor. Y el sexo no es aquí la primera piedra de toque. Dios no es un chapucero: ha creado el cuerpo del varón para la mujer y el cuerpo de la mujer para el varón. Pero la cuestión de si también encajan como personas requiere una mayor clarificación. Ese encaje solo surge gradualmente: en las convicciones religiosas, políticas y morales, en los intereses, la educación, los antecedentes familiares, los amigos... Si en esos ámbitos se presentan problemas, al principio se enmascaran fácilmente con los placeres del cuerpo. Vivir juntos es fácil, separarse cuando las cosas se ponen feas es difícil. A menudo, una pareja que ha vivido en común varios años se desliza hacia el matrimonio sin haberse decidido nunca libremente el uno por el otro.

> **¿Por qué no es suficiente irse sin más a vivir juntos?**

Todo encuentro sexual genera vinculación; romperla inflige heridas en el alma: en unos, más profundas, en otros, menos. «No era yo lo importante, sino mi cuerpo», dice el des-engaño, que mezcla el veneno de la desconfianza en todo futuro amor. Las heridas pueden cicatrizar, pero las cicatrices también me insensibilizan y me entumecen en el lugar donde debería entregarme de todo corazón y sin reservas, de modo tal que en el futuro solo dé una parte de mí —el 50 % o el 70 %, mejor no más, porque podría volver a decepcionarme—.

BERNHARD MEUSER (*1953), autor alemán

¿Por qué no hemos de tener sexo durante el noviazgo, si es que, de todos modos, vamos a casarnos?

El compromiso matrimonial no es todavía un matrimonio, sino que introduce un período de prueba y de discernimiento, el noviazgo. El noviazgo puede disolverse, mientras que el matrimonio sacramental no. El «sí» definitivo no se ha pronunciado todavía. Aun cuando en el corazón ya se haya dicho el «sí», falta todavía la promesa solemne en presencia de Dios y de la comunidad. El sexo produce un vínculo que, sin embargo, todavía está en proceso de comprobación.

Actúan de forma sabia y consecuente las parejas que, en el tiempo del discernimiento, protegen la libertad del otro en lugar de atarlo mental y emocionalmente antes de tiempo. Solo si la otra persona es de verdad realmente libre puede tomar una decisión objetiva y duradera. Por eso hay que admirar a las parejas que guardan continencia durante el noviazgo.

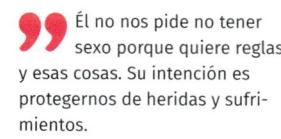

Él no nos pide no tener sexo porque quiere reglas y esas cosas. Su intención es protegernos de heridas y sufrimientos.
JUSTIN BIEBER (* 1995), ídolo pop estadounidense

La esencia del amor verdadero es mostrarse al otro por entero, tal como se es, sin miedo y sin falsa vergüenza. Si no te das a conocer por entero no puedes entregarte por entero y tu pareja tampoco puede apoyarte por entero.

¿Puedo ocultarle algo importante a mi futuro marido/mi futura mujer?

Por el camino hacia el matrimonio no puedes ocultarle nada importante a tu futuro cónyuge. Dentro esas cosas importantes está todo aquello que ha marcado profundamente tu persona.

➡ Experiencias problemáticas de tu infancia
➡ Relaciones amorosas previas
➡ Contactos sexuales
➡ Hijos extramatrimoniales
➡ Aborto
➡ Infertilidad
➡ Negativa a tener hijos propios
➡ Golpes del destino
➡ Deudas
➡ Transacciones frustradas
➡ Derrotas profesionales
➡ Actitudes religiosas (o su ausencia)
➡ Enfermedades
➡ Problemas psicológicos
➡ Experiencias de violencia y de abuso
➡ Dependencias
➡ Adicciones

A medida que crece la confianza también pueden abordarse los temas difíciles. La ocultación deliberada es un quebrantamiento de la confianza. Estás fingiendo, ante la persona que se confía a ti, ser una persona que no eres. Ten valor. Sé abierto. El amor perdona.

AL 107

Todo el mundo quiere ser Cary Grant. Hasta yo quiero ser Cary Grant. Cary Grant (1904-1986), estrella de cine estadounidense

¿Cuál es la mejor manera de afrontar el pasado de la persona a la que amo?

¡Con plena apertura, interés y, sobre todo, con mucho amor! A través de su pasado, el otro se ha convertido en la persona que es ahora; lo que hay experimentado, vivido y sufrido forma parte de quien es ahora, a quien acepto sin reservas y a quien le regalo todo mi amor. Al considerar sin miedo ni timidez (y a la luz de Dios) los desvíos y descarríos de la vida de cada uno, ustedes están sentando una buena pase para el futuro y pueden mirar con libertad hacia delante.

Por el camino hacia el matrimonio hay que conversar mucho entre ambos a fin de conocer mejor la historia del otro y, de ese modo, conocerlo o conocerla mejor. Hay muchos aspectos que son tristes o que hasta producen rechazo. Si el otro ha cometido errores, perdónalo. Si le cuesta hablar sobre determinados períodos de su vida, ten empatía y escucha atentamente. Alégrate por los momentos bellos de su pasado y empatiza con los momentos tristes. Así se acercarán el uno al otro.

> Perdonar y disculpar son cosas que no tienen número ni fin. [...] El perdón no tiene comienzo ni fin: acontece a diario y sin cesar, pues proviene de Dios.
>
> **DIETRICH BONHOEFFER** (1906-1945), teólogo evangélico y luchador de la resistencia contra el nacionalsocialismo

¿Puede el amor de una pareja superar diferencias culturales?

Según dice la Biblia, el amor «todo lo disculpa, todo lo cree, todo lo espera, todo lo soporta» (1 Cor 13,7). Es verdad: ya a menudo se ha visto que un amor profundo y apasionado supera muchas barreras. Aun así, un matrimonio es un proyecto a largo plazo. Sería ingenuo suponer que las diferencias culturales no podrán abrir nunca una brecha en un amor auténtico. Las culturas brindan hogar y seguridad, pero también pueden permanecer ajenas para siempre y quitarnos el aire para respirar.

En un primer momento el amor romántico va más allá de todas las «barreras». Su misma naturaleza implica ser audaz y arriesgado. Y con frecuencia la resistencia del entorno refuerza aún más el vínculo de una pareja. A veces los matrimonios que hacen caso omiso de esas barreras son especialmente felices. Más a menudo ocurre lo contrario. Uno de los dos debe encontrar la empatía duradera para vivir en un mundo ajeno, para aceptar costumbres familiares ajenas, estilos de crianza desconocidos, creencias desconocidas, concepciones desconocidas de la autoridad y del deber. Si una pareja no se enfrenta a diario a estas presiones externas, pueden surgir desacuerdos que desgasten el matrimonio y lo lleven al fracaso.

¿Qué puedo hacer si todavía estoy muy apegado a mis padres?

Estar unido a los padres con un amor fuerte es un tesoro que un día transmitirás a tus hijos. Además, cuando te casas no tienes por qué romper la relación con tus padres: solo tienes que reconfigurarla. Dentro de esa nueva configuración está también una cierta distancia. La persona de referencia más importante es ahora tu cónyuge. El amor que los une como pareja tiene que encontrar una forma propia e independiente. Tarde o temprano podrán ustedes disfrutar de un nuevo tipo de cercanía con sus padres y sus hermanos.

> **Muchos hijos tienen padres difíciles de educar.**
>
> **JEAN-JACQUES ROUSSEAU** (1712-1778), filósofo francés de la Ilustración

Si están casados, la tarea de su vida será fundar un hogar para ustedes y para sus hijos. Ahora también tendrán que respetar a su padres y tomar en serio sus consejos. Ese consejo puede ayudarles a darle forma a su vida, a encontrar un trabajo y a ser justos con su pareja. Pero, en última instancia, ahora son libres. Algunos padres necesitan tiempo para acostumbrarse a la nueva situación y para aceptarla. Si su relación con sus padres es fuerte y de gran confianza, saldrá transformada de esa período de estrés. Si los padres lo ignoran, se les puede recordar el libre albedrío de sus hijos. Podrán dar consejos, pero no tienen ningún derecho a ponerlos a ustedes bajo presión en lugar de respetar sus decisiones.

> En el matrimonio es importante observar la jerarquía natural de las relaciones:
> 1. Dios
> 2. el cónyuge
> 3. los hijos
> 4. otras relaciones (padres, parientes, amigos, vecinos, colegas, etc.).
>
> **LUCÍA Y HANS-PETER HAUSER,** fundadores de www.liebeleben.com

¿Pueden los padres prohibirnos que nos casemos?

No. Eso va no solamente contra de la naturaleza del matrimonio, que solo puede contraerse en libertad, sino también contra el art. 16 de la Declaración Universal de los Derechos Humanos, donde dice: «Los hombres y las mujeres, a partir de la edad núbil, tienen derecho, sin restricción alguna por motivos de raza, nacionalidad o religión, a casarse y fundar una familia; [...] Solo mediante libre y pleno consentimiento de los futuros esposos podrá contraerse el matrimonio». Aun así, es prudente considerar el consejo de los padres si proviene del amor y la preocupación por el bien social, psíquico y religioso de su hijo o hija.

CCE 2230 **AL** 18, 190

> Claro que los niños deben respetar a sus padres, pero que esto no nos lleve a error: los adultos también deben respetar a sus hijos, y no hacer mal uso de las naturales ventajas que poseen sobre ellos. [...] ¡Violencia, jamás!
>
> **ASTRID LINDGREN** (1907-2002), escritora sueca, autora de libros infantiles

¿Se acabó lo de flirtear cuando se está comprometido como novio o novia?

Dar a entender a otra persona a través de miradas, gestos o palabras que se la encuentra atractiva, bella, inteligente o amable hace agradable la convivencia humana y no tiene nada de reprobable. Pero estaría en total contradicción con el sentido de un noviazgo si el trato con personas del otro sexo estuviese acompañado, por ejemplo, por secretas ideas de aventuras eróticas y, de ese modo, lesionara la relación de noviazgo en la que se ha entrado.

A Dios le agrada que te arregles y muestres tu belleza sin esconderte. Naturalmente, se puede bailar, reír, abrazar a amigos, maquillarse y vestirse de forma atractiva mientras sea expresión de la alegría de vivir. Pero si sirve para buscar el contacto con alguien, no está bien. La persona con la que se ha hecho el compromiso de matrimonio tiene que poder tener la plena confianza en ti de que le eres fiel y de que ni remotamente estás poniendo a prueba la relación.

B Cant 1,10-11

El
gran día
frente al
altar

4

Qué es lo importante en la boda y cómo se desarrolla

Para la mayoría de las personas, el día de su boda es el más importante de su vida. Y por eso tiene que convertirse también en el día más hermoso. Los novios (y todos los que acompañan su sentir) preparan durante meses lo que habrá de hacer inolvidable ese día. Hay bodas que son hermosas sin más. Permanecen en el recuerdo como una única sinfonía romántica de colores, sonidos, perfumes, gestos de ternura y rostros sonrientes. Todo fluye hacia ese momento singular frente al altar, en el que se dice:

Yo, N., te recibo a ti, N.,
como esposo/a,
y prometo serte fiel
tanto en la prosperidad
como en la adversidad,
en la salud como en la enfermedad,
amándote y respetándote
durante toda mi vida.

A veces las últimas palabras se ven ahogadas por las lágrimas de la novia o del novio. Pero ese «durante toda mi vida» es más que un sentimentalismo.

Y muestra, al mismo tiempo, que el matrimonio es mucho más que «el día más hermoso de la vida». La alianza que se sella ese día dura toda una vida. El día de la boda no es un solo día, sino siempre, «hasta que la muerte nos separe». Es un desafío bastante grande celebrar eso día tras día. Pero, cuando los sentimientos románticos se han disipado —y eso puede ocurrir muy rápidamente—, la cosa puede ponerse verdaderamente interesante. Quizá algunas parejas sientan entonces que

la indisolubilidad matrimonial es un invento especialmente cruel de la Iglesia. Pero quienes lo comprenden
correctamente dejan que la tarea de «tú y solo tú para
siempre» los conduzca de verdad hacia lo profundo.

Por lo demás, la indisolubilidad no es ningún invento de
la Iglesia. Proviene de una palabra de Jesús y conduce
al núcleo del sacramento llamado «matrimonio». ¿Qué
dijo Jesús? Él recuerda de nuevo a sus oyentes aquello
de «llegan a ser una sola carne» (Gn 2,24) que aparece
en el relato de la creación, y después dice estas dos
frases desafiantes: «De manera que ya no son dos, sino
una sola carne. Que el hombre no separe lo que Dios ha
unido» (Mt 19,6). ¿Es Jesús estricto en extremo con nosotros? No. Consideren la cosa a la inversa: Jesús piensa
el amor como algo increíblemente grande y confía
realmente en nuestra capacidad. El verdadero amor no
pone límites de tiempo. El que ama, ama para siempre.

Este capítulo los invita a no considerar el núcleo del
matrimonio sacramental —su indisolubilidad— como
una carga que hay que asumir como costo, sino como
lo que realmente es: una promesa de felicidad de parte
de Dios. ¡No tengan miedo! ¡Ustedes pueden hacerlo! Yo
les ayudo.

Antes de entregarse hay algunas cosas que considerar. Y
realmente no hay ningún período de tiempo más apasionante que el que va desde el conocimiento hasta el altar
del matrimonio. En este capítulo nos expondremos a las
preguntas, dudas y problemas que ustedes encuentran
cuando se ponen juntos en un camino del que todavía
no saben si finalmente terminará uniéndolos de forma
definitiva o si Dios tiene otros planes para ustedes.

¿No se puede como pareja amar así sin más, sin casarse?

El amor tiene una dinámica propia que está encaminada hacia algo descabellado: que te regales a otra persona. Y puedes asombrarte de que el otro te entrega nada menos que a sí mismo. «Amar así sin más» significa propiamente casarse: hacer firme el amor y convertirlo en una fiesta, es decir, dejarse tomar la palabra. Yo te pertenezco y tú me perteneces, y no retiramos lo dicho. Y si ustedes también son cristianos, el dinamismo del amor los impulsará por sí solo hacia Dios, a su presencia.

Si estás en una relación con alguien y quieres permanecer siempre con él, pero, aun así, no tienes planes de casamiento, ¿por qué estás en la relación, entonces?

ANGEL, Filipinas

> Hoy sucede muchas veces así: primero se tiene sexo; después viene un hijo; entonces la pareja se conoce. Después, se pierde el amor. Y, a continuación, se comunica a los amigos por el móvil acerca de la pareja: «aun así, seguimos siendo buenos amigos».
>
> De una catequesis de Youcat

En hebreo, la palabra «amar» significa tanto como «hacer el bien». Podrá ser que por el momento uno se sienta bien amando «así sin más». Pero ¿se están haciendo bien el uno al otro si dejan las cosas permanentemente en lo provisional? Poco a poco en la mente de ambos va pasando algo que no es compatible con el amor: pensamientos secretos de abandonar, calladas esperanzas de que el otro esté dispuesto a una vinculación duradera, mientras que, quizá, este cavila acerca de si no vendrá todavía algo mejor. Solo cuando se digan de forma definitiva un «sí» recíproco en la presencia de Dios se liberarán de esas dudas. Esa seguridad les ofrecerá un espacio protegido no solamente a ustedes dos, sino también a sus hijos.

El amor verdadero busca estabilidad y seguridad, quiere apostarlo todo a una sola carta, quiere entregarse totalmente y ser aceptado totalmente por el otro.

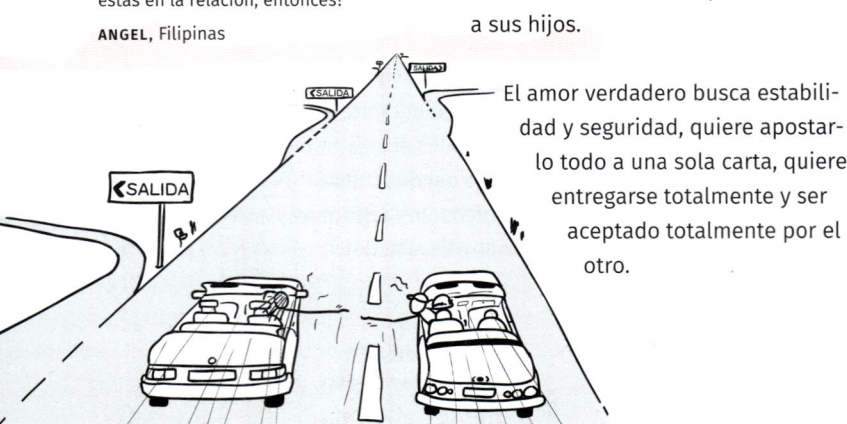

¿Qué cambia respecto de antes cuando uno se casa por la Iglesia?

Con el sacramento del matrimonio llega a través de ustedes algo realmente nuevo al mundo. Como personas, ustedes siguen siendo distintos, pero ya no son dos. Por la acción de Dios, en lo profundo ustedes se convierten en una unidad invisible, en «una sola carne», como dice la Biblia (Gn 2,24). Este misterio de la fe sobrepasa todo lo demás que pueda ser nuevo para ustedes y para otras personas, también la decisión libre, consciente y pública del uno por el otro.

«Por eso, el hombre dejará a su padre y a su madre para unirse a su mujer, y los dos no serán sino una sola carne» (Mt 19,5). En *Amoris laetitia* el papa Francisco subraya qué tan profundo llega esa palabra bíblica: «unirse». Según dice el Papa, «unirse» designa «una estrecha sintonía, una adhesión física e interior, hasta el punto que se utiliza para describir la unión con Dios [...]. El fruto de esta unión es "ser una sola carne", sea en el abrazo físico, sea en la unión de los corazones y de las vidas y, quizás, en el hijo que nacerá de los dos, el cual llevará en sí, uniéndolas no solo genéticamente sino también espiritualmente, las dos "carnes"» (AL 13).

Antes de que nos casáramos intentamos conocernos el uno al otro. Pasamos tiempo juntos, oramos, nos divertimos, hablamos sobre distintas cosas... y anhelamos casarnos y descubrir juntos la intimidad. Nos casamos. De pronto, tuvimos que aprender a adaptarnos el uno al otro en todas nuestras diferencias, tuvimos que hablar, mejorar cada día nuestra relación. ¡Y el sexo fue muy distinto que en las películas!

JEREMIE Y GWENAËLLE, Francia

B Gn 2,24 **Y** 402 **AL** 13, 73, 161 **CV** 261 **FC** 12

¿En qué consiste exactamente el sacramento del matrimonio?

El sacramento del matrimonio es una alianza para toda la vida en la que tres ocupan una misma embarcación: un hombre, una mujer y Dios. El hombre y la mujer se suben a un amor que es mayor del que los seres humanos pueden regalarse el uno al otro. En la fuerza de Dios se deciden a amarse el uno al otro con fidelidad absoluta, a respetarse y honrarse mutuamente y a aceptar los hijos que Dios quiera regalarles.

Todo sacramento es un signo visible de la acción invisible de Dios en el mundo: en el amor mutuo de la pareja y en el amor que ambos brindan a otros se hace visible el amor de Dios. Dos personas en medio del mundo procuran amarse como ama Jesús. El combustible para esta tarea sobrehumana recibe de la Iglesia el nombre de «gracia». Con su ayuda, el hogar de la pareja y su relación pueden convertirse en un lugar en el que se haga tangible el amor de Dios. Los primeros que pueden percibirlo son sus hijos. Pero ese amor también llegará a los vecinos y podrán experimentarlo los amigos. Por el sacramento del matrimonio Dios quisiera que la esposa y el esposo lleguen a ser una bendición el uno para el otro y para el mundo.

Prometer un amor para siempre es posible cuando se descubre un plan que sobrepasa los propios proyectos, que nos sostiene y nos permite entregar totalmente nuestro futuro a la persona amada.

PAPA FRANCISCO, *Lumen fidei* 52

Dios es amor, y el que permanece en el amor permanece en Dios, y Dios permanece en él. [...] En el amor no hay lugar para el temor: al contrario, el amor perfecto elimina el temor [...]. Nosotros amamos porque Dios nos amó primero.

1 Jn 4,16.18-19

¿Qué obtenemos del sacramento?

El verdadero amor es la marca característica de Dios. Él no se lo guarda para sí, sino que lo comparte con ustedes, y lo hace muy especialmente en el sacramento del matrimonio. Un amor siempre nuevo entra sin cesar en la vida común de ustedes incluso cuando las reservas de amor que tenían se han acabado. Si el Dios vivo tiene un lugar en su vida y en su amor, tendrán la fuerza de soportar las fatigas de cada día, de perdonarse el uno al otro, de levantarse de nuevo después de cada caída y de amarse mutuamente con ternura y fecundidad.

Cuando como hombre y mujer contraen matrimonio en la presencia de Dios, él, que los creó, desempeña un papel para nada secundario: Dios mismo es el origen y el prototipo del matrimonio. Él los creó el uno para el otro. Y, al volverse «una sola carne», ustedes son, en cierta medida, una señal que indica hacia Dios. Siguen siendo el hombre y la mujer que son, pero, en lo profundo, se convierten en una unidad inseparable que quiere ser fecunda en el amor. De esa manera ustedes reflejan a Dios mismo, que es un misterio incomprensible (y no un anciano detrás de las nubes). Dios es uno y, a la vez, tres, pero él también es en sí mismo comunidad: un eterno fluir del amor entre el Padre, el Hijo y el Espíritu Santo, una creatividad que no tiene fin. El sacramento significa que en el amor de ustedes se hace perceptible y palpable el amor de Dios. Pero eso no se da automáticamente. Ustedes tienen que vivir su amor con Dios, presentarle sus planes, contarle en la oración sus preocupaciones y problemas, escucharlo en el silencio. Leer la Sagrada Escritura los ayudará a dejar que Dios ocupe un papel principal en el amor que los une.

B 1 Jn 4,16-19 **CCE** 1602-1605, 1642 **AL** 73s, 292 **CV** 263

¿Cómo puedo decir un «sí» totalmente nuevo si antes ya tuve relaciones amorosas?

Solamente Dios es perfecto: los seres humanos somos sumamente imperfectos; de otro modo, nosotros mismos seríamos Dios y no necesitaríamos un Salvador. Pero así es: si antes ya se ha jugado al «matrimonio» sin haber podido realizar la promesa que expresan los cuerpos, al contraer un verdadero matrimonio se asume una hipoteca. Pero Dios te acepta tal como eres. Y está dispuesto a ponerte nuevamente en pie tan a fondo que puedas ir al matrimonio con un corazón puro y con un gran impulso de gracia.

Cuando te casas pones un nuevo comienzo en tu vida. Es justo que, con tu futuro esposo o tu futura esposa, pongas fin a tu pasado y, quizá, hasta hagas una confesión de toda tu vida. Que te retiren viejas culpas y cargas de tus espaldas te ayudará sobre todo a ti mismo. Toda relación sexual, por fugaz que haya sido, se graba en la película de la vida. Si alguna vez el matrimonio de ustedes experimenta un agotamiento, podría volverte el recuerdo de antiguos y «mejores» amores o, tal vez, podrías sucumbir al sueño de que todavía pudiese venir otro amor, más estimulante.

> Hay quienes dicen: «He hecho muchas cosas malas; Dios no puede perdonarme». Esto es una burda blasfemia. Significa ponerle límites a la misericordia de Dios. Pero su misericordia no tiene límites: es ilimitada.
>
> **JEAN-MARIE VIANNEY**
> (1786-1859), cura de Ars, Francia

FLASH 10 ♥ LIGHT

Hay un refrán que dice: «Todo santo tiene un pasado y todo pecador tiene un futuro». No hay nada que Dios no pueda perdonar. Aun cuando hayamos hecho cosas malas en el pasado, Dios nos espera y quisiera perdonarnos y liberarnos.

LUDMILA, Brasil

TEMA ESPECIAL

La definición más breve de matrimonio

TÚ
SOLO / SOLA

TÚ
PARA SIEMPRE

CONTIGO
HIJOS

TODO
POR AMOR
A TI

¿Por qué tantas parejas se separan a pesar de estar casadas sacramentalmente?

El sacramento no es un acto mágico que haga interminable el amor, ni tampoco un automatismo en el que Dios supla nuestra falta de esfuerzos o impida nuestro fallo humano. El sacramento del matrimonio es un regalo de Dios que se recibe en la fe y que hay que «desempaquetar» para comprenderlo. Hay que llenarlo con vida para experimentar su fuerza. Por eso, la recepción del sacramento no es todavía ninguna garantía de logro del matrimonio, a pesar de que el malogro de matrimonios contraídos de forma conscientemente sacramental es de una frecuencia claramente inferior al de otros matrimonios.

> **99 Si la familia reza unida, permanecerá unida y sus miembros se amarán unos a otros como Dios nos ama a cada uno de nosotros.**
>
> **SANTA TERESA DE CALCUTA (MADRE TERESA)** (1910-1987)

Dios puede desplegar su fuerza también en ustedes si día tras día le hacen lugar en su matrimonio... Quizá los siguientes consejos puedan ayudarles:

➡ Hagan oración juntos con regularidad, reciban los sacramentos.
➡ Confíenle a Dios sus decisiones y planes.
➡ Pídanle ayuda cuanto tengan problemas.
➡ Denle gracias por todo lo bello que hay en sus vidas.
➡ Acompañen en casa el año litúrgico con su vida.
➡ De vez en cuando desempolven su promesa matrimonial.

Si le permiten realmente a Dios que esté en la embarcación con ustedes, atravesarán seguros también aguas embravecidas. Cuanto más aumenta la tasa de divorcios, tanto más deberían darse cuenta ustedes de lo mucho que necesitan a Dios para el logro de su matrimonio.

B Ex 17,11-13 **Y** 264 **CCE** 1606-1608 **AL** 19, 209

¿Cuál es la diferencia entre un casamiento por la Iglesia y un casamiento civil?

Dos personas que se casan ante un representante del Estado celebran un contrato que regula los derechos y deberes de los cónyuges. Un contrato semejante puede ser disuelto según la ley a través de un divorcio. En el matrimonio de la Iglesia es Dios el que une al hombre y a la mujer. Su unión, su alianza, es indisoluble.

De este modo, los esposos son consagrados y, mediante una gracia propia, edifican el Cuerpo de Cristo y constituyen una iglesia doméstica.

PAPA FRANCISCO, AL 67

Al Estado le interesa que las células más pequeñas de la sociedad —el matrimonio y la familia— estén bien reguladas y protegidas jurídicamente, pues una sociedad que funcione depende de la vitalidad de esa célula y de su capacidad de brindar atención. Por eso, el Estado apoya a las personas que asumen responsabilidad la una por la otra y por sus hijos. La Iglesia ve en el matrimonio mucho más que eso: ve una vocación propia, del mismo modo como también es una vocación el ser, por ejemplo, sacerdote o religiosa. El matrimonio sacramental es la célula más pequeña también en la Iglesia. Junto con sus hijos, el hombre y la mujer deben edificar una «iglesia doméstica». El matrimonio es una vocación propia en el seno de la Iglesia.

> El matrimonio rato y consumado no puede ser disuelto por ningún poder humano, ni por ninguna causa fuera de la muerte.
>
> **CIC** (Codex Iuris Canonici, Código de Derecho Canónico), can. 1141

Y 271, 425 **CCE** 1655-1657
AL 67, 293 **FC** 82 **LG** 11

Del matrimonio se dice que es una «alianza». ¿Es eso lo mismo que un «contrato»?

La alianza que Dios sella con nosotros se distingue de manera fundamental de los contratos que los seres humanos celebran entre ellos. Una alianza como la selló Dios con Abrahán, Noé o Moisés es un compromiso total, personal: va a lo profundo y es indisoluble. No termina ni siquiera si el contrayente humano de esa alianza ha sido infiel.

Una alianza tal, como la que se sella también en el bautismo, es atemporal: Dios no nos abandona ni siquiera si nosotros nos abandonamos o lo abandonamos a él. Por el contrario, un contrato es un asunto jurídico que nace de una declaración de intenciones acordada, que es válido durante un tiempo determinado y que puede rescindirse unilateralmente o de mutuo acuerdo.

Un contrato es algo puramente jurídico. La alianza matrimonial, sin embargo, está para reflejar entre nosotros, los seres humanos, el irrevocable amor de alianza de Dios.

DOUGLAS Y VIVIAN,
España

FLASH 11 ♥ LIGHT

B Mal 2,14; Mt 19,6 **CCE** 1655-1657 **Y** 416 **AL** 63 **FC** 11

B ¿No ardía acaso nuestro corazón, mientras nos hablaba en el camino y nos explicaba las Escrituras?

Lc 24,32

¿Qué debe decirnos la afirmación de que el matrimonio es una imagen de Cristo y de su amor por nosotros?

La Biblia hace algo descabellado: compara el amor entre el hombre y la mujer con el amor de Cristo por nosotros. Eso debe decirnos qué profundidad alcanza cuando un hombre y una mujer se casan. Cristo nos amó más que a su propia vida. Por la fuerza del sacramento, ustedes pueden amar de modo tal que, en el amor de su cónyuge, experimenten en algo cómo nos ama Dios.

En el día a día del matrimonio piensas, tal vez, que el amor que los une es algo banal. Pero, en realidad, en ese amor se abre el cielo. Dios nos ama incondicionalmente. Y tú también abres para el otro un pedazo de cielo al decirle: «Me entrego a ti, y prometo serte fiel tanto en la prosperidad como en la adversidad, en la salud como en la enfermedad, amándote y respetándote durante toda mi vida». Pueden confiar en que Dios les dará la fuerza para vivir eso hora tras hora, día tras día, sin temor a quedar en desventaja. Si el otro me soporta en mis grandes y pequeñas cosas insoportables, puedo vislumbrar qué significa que Cristo cargó por nosotros la cruz. Incluso aunque su matrimonio llegue a un punto crítico (y quizá hasta cerca de un punto muerto), Cristo puede regalarles reconciliación y paz y resucitar su amor a una nueva vida, de modo que el corazón de ustedes vuelva a arder.

B Gn 1,27; Ef 5,25-33 **CCE** 1616, 1617 **Y** 64, 193, 260, 263 **FC** 13 **HV** 8

¿Cuándo nos convertimos propiamente en un matrimonio? ¿En la iglesia o en la noche de bodas?

La boda implica ambas cosas: la promesa para siempre ante Dios y la unión corporal del hombre y la mujer, en la que ambos llegan a ser «una sola carne» (Gn 2,24). En casos en los que se pronunció la promesa, pero no pudo darse la unión corporal, la Iglesia puede constatar el hecho de que no se ha constituido un matrimonio indisoluble, porque no se llegó a una fusión real de los cuerpos.

En la Iglesia existe una expresión peculiar: se dice que el matrimonio tiene que ser «consumado». Con eso se quiere expresar algo integral: el contrato, la promesa, las buenas intenciones, todo eso no basta; es preciso que se llegue también a la unión corporal. Si bien la pareja ya está realmente casada, el matrimonio no se ha realizado por completo antes de que ambos cohabiten. La importancia de esta «consumación» para el matrimonio se pone de manifiesto en una regulación especial de carácter excepcional del derecho canónico: antes de que la consumación del matrimonio se haya producido se la puede declarar oficialmente si por lo menos uno de los dos cónyuges lo solicita.

Si independientemente de las insuficiencias y defectos de tu cónyuge te sigues decidiendo cada día por él/ella, entonces estás casado en el más verdadero sentido de la palabra.

GAURAVI, India

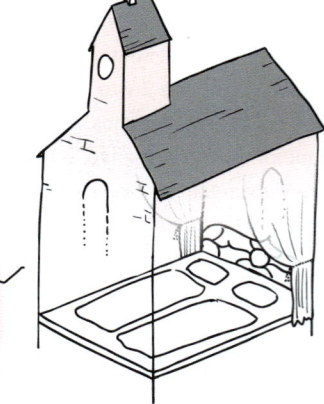

¿Puedo casarme por la Iglesia con una persona bautizada que no cree en Dios?

Si el novio o la novia está bautizado o bautizada, es posible un matrimonio sacramental. El sacramento del matrimonio tiene algo especial con respecto a los otros sacramentos: Cristo, el Señor, ha elevado ya la alianza matrimonial natural a una dignidad sacramental. Por ese motivo, el deseo de dos bautizados de contraer matrimonio y de dedicar toda su vida a un amor indisoluble y fiel muestra ya una apertura para el obrar de Dios, aun cuando ellos no sean del todo conscientes de ello.

Puede darse que un bautizado no haya sido acompañado en el conocer y vivir su fe o que esa fe se le haya vuelto indiferente. Pero todo bautizado sigue estando para siempre en Cristo. Solo Dios sabe qué tan fuerte o débil es la fe de una persona: el Espíritu Santo puede obrar en una persona sin que esta lo sepa (cf. Mt 21,28-32). Precisamente por el hecho de que se estén viviendo las notas características naturales del amor conyugal y de que tales notas características sean apoyadas por el testimonio del cónyuge creyente, una persona sin fe puede abrirse a un redescubrimiento de su fe. Aun así, no debería subestimarse el modo en que, especialmente en la cultura actual, la falta de fe puede debilitar la visión del matrimonio natural. Si el cónyuge no creyente no aceptara los elementos esenciales del matrimonio natural, ese matrimonio no tendría realmente lugar, lo que significa que sería «nulo».

B Porque el marido que no tiene fe es santificado por su mujer, y la mujer que no tiene fe es santificada por el marido creyente.

1 Cor 7,14

B Mt 21,28-32 **CIC** can. 1099 en relación con 1096; can. 1101 § 2 en relación con 1055 y 1056

> **¿Puedo abandonar el matrimonio si mi cónyuge se aparta de la fe o incluso cambia de religión?**

No. Un matrimonio válido entre dos bautizados, constituido sacramentalmente y consumado, no puede ser declarado nulo en un caso semejante.

Si ambos cónyuges están bautizados en el momento de contraer matrimonio y este fue contraído válidamente y consumado, el matrimonio no puede declararse nulo aun cuando uno de ellos ya no sea creyente en Cristo. Lo importante es que, con la vocación al matrimonio, ustedes emprenden un camino de fe compartido. Hablen siempre de nuevo sobre sus experiencias y dudas de fe. Si uno de los cónyuges ha cambiado tanto que se aparta de la fe, es importante que hablen sobre la nueva situación. Hay que respetar la libertad del otro.

* ¡Dios es el más grande!

¿Puede disolverse un matrimonio por la Iglesia?

La Iglesia católica no tiene divorcio. En todo caso, un matrimonio puede declararse nulo. En tal caso, la Iglesia declara que faltó algo esencial en el momento de la constitución del matrimonio: sea la necesaria libertad interior y exterior, sea la voluntad de permanecer fiel toda la vida, sea que uno de los cónyuges excluía el tener hijos, sea que faltaba la necesaria capacidad de juicio, sea que el matrimonio nunca se consumó sexualmente.

Quien está enamorado no se plantea que esa relación pueda ser solo por un tiempo; quien vive intensamente la alegría de casarse no está pensando en algo pasajero.
PAPA FRANCISCO, AL 123

En tales casos se puede solicitar en la diócesis competente un «proceso de nulidad matrimonial». No se trata de una denuncia del otro cónyuge, sino del «vínculo matrimonial», que será defendido por un «defensor del vínculo» por parte de la Iglesia. Hay que aportar documentos y testigos que hagan creíble que las razones aducidas son ciertas.

Hay razones de nulidad matrimonial en tres ámbitos:

1. Cuando existían impedimentos matrimoniales, p. ej., un matrimonio preexistente, un voto de celibato, consanguineidad, disparidad de culto.
2. Cuando al contraer matrimonio hubo falta de consentimiento: uno de los cónyuges no quería o no podía cumplir lo que pertenece esencialmente al matrimonio.
3. Cuando hubo defecto de forma en la celebración del matrimonio: no se cumplieron las reglas; por ejemplo, que el ministro que asistía al matrimonio carecía de la delegación para hacerlo. Todo eso puede constatarse también años después.

Tras un proceso de nulidad exitoso es posible un matrimonio católico válido en una nueva pareja.

B Mt 19,6 **CCE** 1629 **Y** 269 **AL** 123; **CIC** can. 1073-1123; can. 1671-1706

> **Siendo así que se puede amar a cualquier persona, ¿no es posible casarse con cualquier persona, con independencia de su sexo?**

En muchos países existe hoy el «matrimonio para todos». Siguiendo a la Sagrada Escritura, la Iglesia solamente llama «matrimonio» a la unión permanente y exclusiva de un hombre con una mujer. No hay ninguna persona que no provenga de un hombre y una mujer. Es una ley de la naturaleza. Quien vea la naturaleza como creación de Dios no puede considerar la complementariedad de los sexos como algo casual, sino como un orden lleno de sentido que sirve al logro de la vida humana. Por ese motivo, a lo largo de toda la historia de la humanidad la palabra «matrimonio» se ha reservado con razón a esa unión tan especial entre un hombre y una mujer.

Solo la roca del amor total e irrevocable entre el hombre y la mujer es capaz de fundamentar la construcción de una sociedad que se convierta en una casa para todos los hombres.
PAPA BENEDICTO XVI

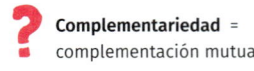

Complementariedad = complementación mutua

B Gn 1,27 **CCE** 2357-2359 **Y** 65, 416 **AL** 251 **FC** 19

¿Qué cosas hay que hacer cuando se va a concretar el matrimonio?

Antes de que ustedes contraigan matrimonio, la Iglesia comprueba que no exista ningún impedimento para un casamiento sacramental. Con ese fin ustedes tendrán en cualquier caso una conversación con el párroco. Él les dirá lo demás que hay que hacer.

La **entrevista** con los novios se tiene con el párroco del lugar. Él puede delegar la tarea en otro sacerdote o diácono si uno prefiriera que el ministro asistente fuese otra persona. En especial se trata del **examen de los contrayentes**. No se trata de una prueba sobre su conocimiento. El sacerdote solamente debe constatar si no existen circunstancias que pudiesen ser para ustedes un impedimento para el matrimonio. Necesitarán para ello:

➡ el certificado de bautismo
➡ el certificado de matrimonio civil, en caso de que ya haya tenido lugar
➡ si eres viudo/a, el certificado de defunción del anterior cónyuge
➡ si un matrimonio previo fue anulado, los documentos que lo certifican.

El sacerdote o diácono comprueba si ustedes están realmente dispuestos a contraer un matrimonio católico. Él recorre con ustedes el **protocolo de preparación matrimonial**. Si todo está en orden, siguen las denominadas proclamas matrimoniales, o sea, se da a conocer públicamente que ustedes quieren casarse. Ahora podrían presentarse otras personas que, por ejemplo, saben que el matrimonio se celebraría bajo presión y no con libertad. Eso lo haría inválido. Con todo eso la Iglesia quiere proteger a los novios de una decisión errónea. Más allá de eso, la Iglesia aconseja con énfasis prepararse personal y espiritualmente para el matrimonio.

¿Por qué casarse también por la iglesia?

Porque allí ustedes están en presencia del Dios vivo. En el momento más importante de su vida dejan subir a la embarcación a aquel que inventó el amor entre el hombre y la mujer. Se lo llama «sacramento del matrimonio». Él, que es amor (1 Jn 4,16), ama en nosotros, ama con nosotros. Ama contigo al otro; te ayuda a amarte a ti mismo. Así ustedes acuden a la estación de carga, reciben la mayor ayuda posible para su amor: la alegría de uno por el otro puede florecer, la fidelidad puede seguir siendo fiable, las riñas ser menos destructivas, y la reconciliación, más fácil. De ese modo, están dejando entrar un pedazo de cielo en su vida en común.

Jesús estuvo invitado en las bodas de Caná. El vino se acabó y, al preguntarle al respecto, reaccionó de inmediato. Convirtió el agua en vino y obró un milagro. Así sucede también con el sacramento del matrimonio: el vino del amor que los une ya no se acabará. Pero en los desafíos de una larga vida podría ser que ustedes olviden la fuente de la que beben. Con la sola agua de sus buenas intenciones no llegarán muy lejos. Dios está cerca. No olviden nunca pedirle el vino bueno del amor.

Casarse por la Iglesia implica confiar más en la ayuda de Dios que en la propia reserva de amor.
YOUCAT 263

¿Cómo se desarrolla exactamente una celebración del matrimonio?

Al comienzo el sacerdote o diácono pregunta al novio y a la novia por su disposición para contraer matrimonio cristiano. Les pregunta si ambos se han decidido libremente por el matrimonio, si quieren permanecer fieles durante toda la vida, aceptar los hijos y asumir juntos responsabilidad en la Iglesia y el mundo.

Después bendice los anillos. A continuación viene el enlace propiamente dicho: el novio y la novia se administran mutuamente el sacramento del matrimonio al hacerse mutuamente la promesa matrimonial y aceptarla por medio de su «sí».

Como signo de su amor y fidelidad, los dos se colocan mutuamente los anillos. El celebrante confirma el consentimiento colocando la estola sobre las manos unidas de los nuevos esposos y nombra a los padrinos y a todos los presentes como testigos de la alianza matrimonial.

Al final del casamiento el celebrante imparte a la pareja una bendición solemne.

Véanse también:
Cuatro grandes preguntas y cuatro veces «sí».
págs. 160-161

En las diferentes culturas existe un rico tesoro de símbolos que expresan el misterio del matrimonio. Un de ellos existe en todas las culturas: el anillo matrimonial.

Los anillos tienen cuatro significados:

1. Los anillos encajan. Esto recuerda a una antigua tradición. Se envía un mensaje a alguien en quien se confía. Para demostrar que el mensaje procede de la persona «correcta», el mensajero entrega al destinatario un anillo. El destinatario comprueba si coincide con su propio anillo. (Ambos habían hecho confeccionar los anillos de esa manera). El encaje de los anillos significa:

En la India se conoce el símbolo de atar un hilo dorado en torno al cuello de la novia, así como también el encendido de una vela común. La solemne marcha nupcial por la ciudad o el pueblo tiene una importancia especial. En algunos lugares es costumbre la entrega a la novia de un sari nuevo y colorido como signo de que ahora pertenece a una nueva familia.

MARÍA, India

¿Tiene sentido unir la boda a una celebración de la eucaristía?

Si ambos contrayentes son católicos, tiene muchísimo sentido unir la boda a una celebración de la eucaristía. Si sigues la lógica de Dios, te das cuenta de que «matrimonio» y «eucaristía» obedecen a un mismo plan maestro del amor. En ambos casos se trata de la entrega perfecta y de la unión (comunión). En ambos casos se aplica la frase: me entrego a ti, tú entregas a mí.

En comparación con Dios, nosotros somos «aficionados» en las cuestiones del amor. La eucaristía nos muestra cómo ama Dios: Cristo se entregó por nosotros para que tengamos vida. Este tipo de amor es el que tiene que darse entre el marido y la mujer, tal como lo exige Pablo: «Maridos, amen a su esposa, como Cristo amó a

«Tú eres el que encaja exactamente conmigo».

2. Los anillos recuerdan a dos eslabones de una cadena: formamos una unidad, y nada ni nadie debe separarnos.

3. Por regla general, los anillos están hechos de oro o de otro material precioso. Eso quiere expresar: «Tú eres muy valioso/a para mí y nuestro amor es para mí el regalo más preciado: tú eres para mí el regalo de Dios».

4. Los anillos son circulares: trasladado al amor, eso significa «nuestro amor no tiene fin...».

En **México** se utiliza durante la misa un «lazo matrimonial» con el cual se une simbólicamente a la pareja.

MARÍA REGINA, México

En **España** los novios se entregan mutuamente trece monedas que simbolizan la bendición de Dios y los bienes que comparten. A veces se cubre también a los recién casados con un manto.

JUAN DANIEL Y LUCÍA, España

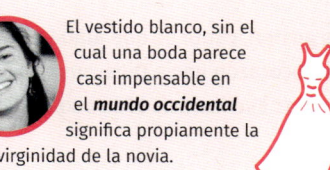

El vestido blanco, sin el cual una boda parece casi impensable en el *mundo occidental* significa propiamente la virginidad de la novia.

ANNA, Austria

En el **Líbano**, después de la bendición y del intercambio de los anillos, el novio y la novia reciben una corona como signo de la gloria y dignidad que opera en ellos la bendición de Dios.

CARLOS, Líbano

la Iglesia y se entregó por ella» (Ef 5,25). Por eso, la indisolubilidad del matrimonio es un reflejo del indisoluble amor de Dios, que «amó tanto al mundo, que entregó a su Hijo único para que todo el que cree en él no muera, sino que tenga Vida eterna» (Jn 3,16). Hasta puede decirse que quien haya comprendido el misterio de la eucaristía también ha comprendido el misterio del matrimonio.

¿Qué pueden aportar los novios a la celebración del matrimonio?

Arreglos florales que les gusten, cánticos que alaben a Dios, música que eleve el corazón hacia Dios, sus textos favoritos de las Sagradas Escrituras... todo eso tiene cabida. Tiene que ser una celebración litúrgica inolvidable. Como a veces es difícil decidir qué es apropiado y qué no, es mejor ponerse en contacto con el sacerdote con suficiente antelación.

Elijan qué lecturas, qué evangelio habrán de leerse. Medítenlos y escojan lo que hable a sus corazones. Uno de sus amigos podría encargarse de la lectura. También pueden escribir sus propias peticiones para la oración de los fieles: asegúrense de que tengan realmente un estilo de oraciones. Coordinen el marco musical con el sacerdote o el diácono. Pero coronarán cualquier celebración externa preparándose interiormente para ese día, por ejemplo, retirándose unos días en silencio, donde también pueden recibir el sacramento de la reconciliación (confesión) con Dios.

¿Qué es exactamente lo que se promete cuando uno se presenta ante el altar matrimonial?

> El matrimonio lo produce el consentimiento de las partes legítimamente manifestado entre personas jurídicamente hábiles, consentimiento que ningún poder humano puede suplir. El consentimiento matrimonial es el acto de la voluntad por el cual el varón y la mujer se entregan y aceptan mutuamente en alianza irrevocable para constituir el matrimonio.
>
> **CIC,** can. 1057

Los cónyuges se prometen mutuamente y ante Dios el matrimonio sacramental: prometen que contraen matrimonio en libertad y bajo ningún tipo de presión interior o coacción externa. Se prometen mutuamente el amor en una fidelidad corporal y espiritual durante toda la vida. Prometen no excluir conscientemente la procreación de hijos y educarlos en la fe de la Iglesia. Solo por esas promesas se constituye el denominado consentimiento matrimonial y, con él, un matrimonio sacramental

Es bueno que las parejas recuerden siempre de nuevo su promesa matrimonial sacramental. Especialmente en fases críticas de la relación deberían recordar que Dios está en alianza perpetua con ellos.

CONSENTIMIENTO MATRIMONIAL (del latín *consentire*, coincidir en el sentir, expresar conformidad): la voluntad de los esposos coincidente en todos los puntos esenciales.

Cuatro grandes preguntas

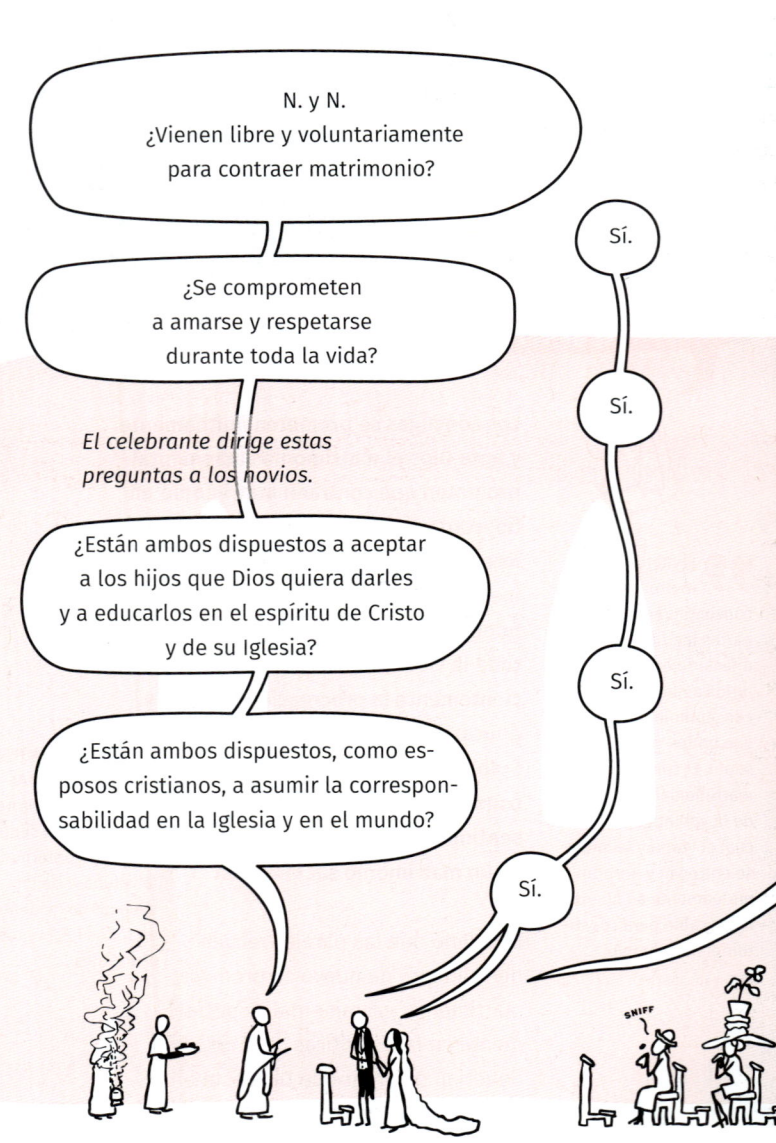

N. y N.
¿Vienen libre y voluntariamente
para contraer matrimonio?

Sí.

¿Se comprometen
a amarse y respetarse
durante toda la vida?

Sí.

*El celebrante dirige estas
preguntas a los novios.*

¿Están ambos dispuestos a aceptar
a los hijos que Dios quiera darles
y a educarlos en el espíritu de Cristo
y de su Iglesia?

Sí.

¿Están ambos dispuestos, como esposos cristianos, a asumir la correspon-
sabilidad en la Iglesia y en el mundo?

Sí.

SNIFF

y cuatro veces «sí»

*Después de los cuatro «sí» precedentes viene el **consentimiento matrimonial** recíproco de los novios.*

Yo, N., te recibo a ti, N.,
como esposa/o,
y prometo serte fiel
tanto en la prosperidad
como en la adversidad,
en la salud como en la enfermedad,
amándote y respetándote
durante toda mi vida.

A continuación, el sacerdote o el diácono confirma el consentimiento de los novios:

N., recibe este anillo como signo
de mi amor y fidelidad.
En el nombre del Padre, y del Hijo,
y del Espíritu Santo.

¿Qué piensa la Iglesia sobre los matrimonios concertados?

En algunas culturas ya no existen matrimonios concertados, mientras que en otras es normal y deseable que las familias y los amigos participen en la elección de pareja. Lo decisivo es que nadie sea forzado a contraer matrimonio. Los padres deben aceptar que es legítimo que una pareja se conozca o quiera conocerse a su manera.

B Esta es la libertad que nos ha dado Cristo. Manténganse firmes para no caer de nuevo bajo el yugo de la esclavitud. [...] Pero procuren que esta libertad no sea un pretexto para satisfacer los deseos carnales: háganse más bien esclavos los unos de los otros, por medio del amor.

Gal 5,1.13

Los matrimonios forzados son una violación de los derechos humanos. Ninguna persona debe organizarlos sin ser cuestionada o aceptarlos. Según muestran estudios comparativos, cuando los matrimonios concertados no son forzados, sino que se realizan con el libre consentimiento de los afectados, la cuota de aciertos no es inferior a la que se constata en matrimonios contraídos a la manera «moderna». En determinados contextos, las jóvenes consideran hasta un privilegio y una protección que, en la edad en que a menudo se las percibe como objeto sexual, cuenten con el acompañamiento de la familia, que les presenta a alguien. No debería excluirse que la ayuda de las familias conduzca al final a relaciones más afortunadas que los algoritmos de una aplicación de citas.

En la India más del 80 % de los matrimonios son concertados. Como India es un país en desarrollo, la juventud se encuentra bajo la enorme presión de encontrar trabajo, casarse y establecerse dentro un breve período de tiempo. A menudo no queda tiempo para citas o contactos sociales, razón por la cual el matrimonio concertado suele ser todavía una alternativa bienvenida. Pero los jóvenes conocen también los peligros que se corren cuando se trata a las personas como si fuesen objetos y cuando no se reconoce el matrimonio como una vocación.

GAURAVI, India

¿Debo casarme si tengo la desagradable sensación de no haber encontrado a alguien mejor?

No. Sin una simpatía fundamental por el otro eso no funciona. Un matrimonio implica el sentimiento y la decisión. Tómense tiempo para conocerse, para igualar sus planes, para percibir sus personalidades, para crecer juntos. Entonces se instala una suerte de serena alegría en la que todo depende de la siguiente voluntad: «Quiero amarte. Tú debes ser la persona más importante de mi vida».

Antes de pensar en casarse habría que tener éxito en un noviazgo o, de lo contrario, separarse. Mantener una relación simplemente hasta que aparezca alguien «mejor» sería lo más impresentable.
Pero tienes que tomarte tiempo suficiente como para que no entres en pánico y tomes una decisión precipitada.

Y 402 **CV** 2, 51, 267

¿Una pareja no casada debería contraer matrimonio en cualquier caso si espera un hijo?

No. Tienen razón al sentir que tienen una responsabilidad común por su hijo. Siempre serán sus padres y tienen que regalarle todo el amor. Pero el hijo que engendraron no debe ser la única razón para que se casen.

En muchos casos, después esos matrimonios se anulan (cf. pág. 151) porque el marido dice: «Ella utilizó al hijo para obligarme a casarme con ella»; o la mujer dice: «Solamente me casé con él para que el hijo tenga un padre». Por eso la Iglesia aconseja con insistencia esperar con las relaciones sexuales hasta que un hombre y una mujer se digan mutuamente: «Te quiero a ti. Solo a ti. Para siempre». Esta es la fórmula mágica. Entonces pueden venir hijos y encuentran el cobijo de un hogar creado por dos personas que se aman de corazón y sin condiciones.

A cada mujer embarazada quiero pedirle con afecto: Cuida tu alegría, que nada te quite el gozo interior de la maternidad. Ese niño merece tu alegría. No permitas que los miedos, las preocupaciones, los comentarios ajenos o los problemas apaguen esa felicidad de ser instrumento de Dios para traer una nueva vida al mundo.
PAPA FRANCISCO, AL 171

CIC Can. 1101–§1&2 **Y** 262 **AL** 132, 171 **FC** 14

Tu deseo de vivir con seguridad, protección y atención es una necesidad primaria del ser humano. Pero casarse con una persona solamente para obtener ventajas y asegurarse materialmente es una introducción a la desdicha. Le fingirías a la otra persona un amor que no encuentras en ti: quieres tener, no amar. Esa no es una base sana para un matrimonio.

¿Puedo casarme para tener seguridad material?

Si te mueve un interés determinado y no el profundo sentimiento de poder darlo todo para recibir de regalo todo, entonces no estás amando realmente. No te importa esa persona: solamente amas sus cosas, su dinero, su estatus, etc. El amor no es un comercio, no es un negocio. En él no se puede comprar ni vender. Nunca te decidas por un matrimonio porque has calculado y constatado que te reporta «ganancias». Espera a que llegue el amor —y eso aunque no te traiga nada más que amor—.

AL 294 **CV** 265

¿Los contratos nupciales son algo bueno?

Tener un contrato nupcial aparte de la alianza matrimonial puede significar dos cosas. Por un lado, puede ser un signo de desconfianza que contradice la entrega incondicional en el matrimonio. Pero, por el otro, establecer a tiempo regulaciones jurídicas vinculantes también puede ser un signo de prudencia cuando, por ejemplo, la mujer pueda temer que, tras un accidente, la muerte o el abandono, pueda quedarse sin sustento.

Un contrato nupcial puede representar también un acto de responsabilidad hacia los hijos. Sin embargo, quien insista en un contrato nupcial porque considera el sacramento como una mera ceremonia está invalidando su esencia espiritual, pues no cree ni en su propia promesa de fidelidad ni en la del otro.

El mejor contrato nupcial: si un día me vuelvo idiota y te abandono, recibirás todos mis bienes.

MICHAEL, Alemania

¿Qué significa aceptar al otro totalmente?

Aceptar al otro totalmente significa aceptarlo tal como es (y no como, tal vez, debería ser). Ustedes acéptense con todas sus esquinas y aristas, con la figura corporal que tienen ahora y que, mañana, tal vez pueda deshacerse, con la psique que hoy está radiante y que, quizá, mañana se paralice, con el pasado pedregoso que tienen y con el aún vago futuro. Acéptense con sus lados fuertes y con sus lados débiles, con sus dones y talentos, pero también con sus heridas y errores. Su «sí» global les permitirá ayudarse mutuamente y crecer juntos.

Pero la seguridad de ser aceptado no debe ser nunca una excusa para descuidarse. Un buen matrimonio supone el ejercicio de la crítica constructiva y la aceptación de esa crítica. Sé que no seré condenado/a. Puedo ser honesto/a conmigo mismo/a. No tengo que levantar ningún escudo protector ni hacer ningún teatro. La aceptación mutua crea un espacio único de libertad y brinda protección, confianza, apoyo y acogida. En ese espacio ambos crecen y se hacen «grandes».

Si es que hay alguna posibilidad de hacer que otra persona cambie a mejor, la única forma de hacerlo consiste en amarla y, así, ayudarla a que vaya pasando lentamente de lo que es a lo que puede ser.
JOSEPH RATZINGER/PAPA BENEDICTO XVI

FLASH **12** LIGHT

B Rom 15,7 **AL** 92, 113, 127 **CV** 261 **GE** 72

QUE EL **HOMBRE** NO SEPARE

LO QUE **DIOS** HA UNIDO.

MC 10,9

¿Qué significa «respetar» en la promesa de matrimonio?

«Respetar» es una forma del amor más determinada por la voluntad que por los sentimientos. De ese modo, el amor también puede permanecer vivo o volver a crecer en tiempos difíciles. Si «respetas» al otro reconoces su propia dignidad: no lo avergonzarás, no lo pondrás en evidencia o lo denigrarás; el respeto incluye también percibir sus lados positivos y no olvidar las cosas buenas que ha hecho.

Te respeto porque te amo.
MAURICIO Y JINA, España

El matrimonio es esa promesa asombrosa y sumamente audaz de que en mi vida hay una persona a quien amar, respetar y honrar debe ser la tarea más noble y primordial de mi vida. Ningún otro amor entre seres humanos tiene la radicalidad que tiene el «yo y tú para siempre».
FRANZISKUS Y ELISABETH, Alemania

Hay un observación interesante que ya hizo san Pablo (Ef 5,25.33): al parecer, las mujeres necesitan más «amor» y los hombres, más «respeto» (estima, honra) para sentirse totalmente a gusto. Desde luego, no se trata aquí de una ley de la naturaleza. Ambos necesitan amor y respeto. Pero ¿puede ser que una mujer que respete a su marido coseche amor? ¿Y será así que un marido que obsequia a su mujer con signos de amor despierte en ella un aumento del respeto? Quizá en ello radique el pequeño secreto de los matrimonios felices. Hay que recordar un par de frases: «Te veo. Y te lo manifiesto tantas veces como puedo». O bien: «Te respaldo siempre, estés o no estés cerca de mí». O: «Te admiro por...».

¿Podemos casarnos también si no queremos tener hijos?

No. Nadie puede recibir el sacramento del matrimonio que excluya conscientemente el tener hijos. El amor quiere ser fecundo. Estar abierto a ese hecho y recibir con gratitud nueva vida es un elemento integrante igualmente esencial del matrimonio como la voluntad de ser fiel toda la vida.

El sentido del amor no es que el hombre y la mujer formen un círculo cerrado, se miren profundamente a los ojos durante toda la vida y sean suficientes el uno para el otro. El amor verdadero es «pródigo», una riqueza sobreabundante que quiere regalarse. El amor quiere que la compenetrada unidad entre los esposos se abra en un estallido en virtud del prodigio creador de la nueva vida —a semejanza de la bolsa amniótica donde crece el feto—. De generación en generación la vida misma pasa por el corazón y el seno de los que se aman. Un hijo es la visibilización del amor de sus padres y el regalo más hermoso de Dios a la pareja. Una pareja que no puede tener hijos puede y debe hacer fecundo su amor de otra manera, por ejemplo, por la adopción, pero también por la hospitalidad y por cualquier otra acción de amor desinteresado al prójimo (cf. pág. 26).

Es como si se plantara una semilla y se corta la planta tan pronto como intenta crecer. Está en contra del plan de Dios y en contra de la naturaleza.

MARTHA, India

B Gn 1,27-28 **CCE** 1652-1654, 1664 **CIC** 1055 §1, 1084 §3, 1096, 1098 **Y** 262 **AL** 165, 167 **HV** 12

Si tener hijos forma parte del matrimonio, ¿significa eso que no nos está permitido utilizar anticonceptivos?

Un hijo no es una desgracia que haya que prevenir. Al mismo tiempo, los padres tienen la responsabilidad y el derecho de determinar por sí mismos el número de hijos que quieren tener y la distancia entre sus nacimientos. Cada vez más parejas que enfrentan de forma respetuosa el amor y la fecundidad descubren los métodos de la regulación natural de la natalidad (p. ej., el método sintotérmico). Con esos métodos se observa el ciclo de la fertilidad femenina y, de ese modo, se determinan los días fértiles y seguramente infértiles de la mujer.

Al principio yo estaba en *shock*: ¿qué le incumbe eso a la Iglesia? Hoy me parece genial que la Iglesia aconseje evitar los métodos artificiales de control de la natalidad. La planificación natural de la familia es más que un método: es un estilo de vida por el cual el hombre y la mujer pueden crecer en respeto, castidad y confianza.

CLAUDIA, México

Los métodos químicos, mecánicos y quirúrgicos intervienen de forma manipulativa en la biología de la mujer o del varón. Implican una tecnificación de la intimidad y no corresponden a la idea integral de una unión amorosa del varón y la mujer. Lo hermoso de los métodos naturales está en que ustedes aprenden juntos a prestar atención a las señales corporales de la mujer y en que dialogan sobre su sexualidad. El «control» no queda reservado a la mujer, sino que se integra en una modalidad de la pareja de abordar la sexualidad.

¿Cómo puedo prometer dar a mis hijos una educación cristiana si mi marido no quiere saber nada al respecto?

Educar cristianamente quiere decir rezar con los hijos y contarles acerca de Cristo. En realidad, eso hay que hablarlo abiertamente antes del matrimonio. Fíjate si puedes casarte, con la conciencia tranquila, con alguien que, quizá, reprima tu fe y la impida en tus hijos. Ahora bien, si vives en un país o en un entorno en el que la fe te pone en peligro a ti o a tus hijos, solo te quedan dos cosas: el ejemplo y la oración. ¡Ama! ¡Forja paz! Cuida de la belleza del hogar. Reza por los hijos que tienen en común, sé amorosa, generosa, justa. Incorpora momentos para el encuentro con Dios. Un día tus hijos te preguntarán cuál es la fuente de la que vives. Eso podría mover también el corazón de tu cónyuge hacia Dios.

Estén siempre dispuestos a defenderse delante de cualquiera que les pida razón de la esperanza que ustedes tienen.

1 Pe 3,15

En lo posible, sigue viviendo a partir de los sacramentos, reza con tus hijos, llévalos contigo a la Iglesia. Cultiva amistades que te alienten en la fe. Renuncia a hacer intentos de convertir a tu esposo/a, a recurrir a pruebas de la existencia de Dios, a teorías de la fe y a pronunciamientos de la Iglesia. Todo eso solo conduce a disputas. Da testimonio de Dios en el amor y la misericordia. Estate cerca de Jesús soportando tu carencia de poder y tu mutismo. Y confía en que el Señor te conduce a través de todos los pequeños y grandes desafíos y en que él jamás dejará caer de sus manos a ningún miembro de tu familia.

¿Cómo es posible permanecer fiel a una única persona y amarla durante toda una larga vida?

«Me entrego a ti, y prometo serte fiel tanto en la prosperidad como en la adversidad, en la salud como en la enfermedad, amándote y respetándote durante toda mi vida». Los cristianos no se hacen esta promesa confiando en sus propias fuerzas. La hacen con la confianza puesta en Dios y sabiendo que son hijos y herederos de Dios. Dios es imperturbablemente fiel. Y si ustedes permanecen en la cercanía de Dios, todo lo bueno que hay en Dios se transfiere a ustedes: también la capacidad de ser fieles. Dios es fuerte en la debilidad de ustedes (2 Cor 12,9) y no permite que sean tentados por encima de sus fuerzas (cf. 1 Cor 10,13). La Madre Teresa solía repetir: «La familia que reza unida permanece unida».

> En el sacramento del matrimonio, Cristo promete su amor en nuestro amor y su fidelidad en nuestra fidelidad.
>
> **YOUCAT 193**

Hay personas casadas que mantienen su fidelidad cuando su cónyuge se ha vuelto físicamente desagradable, o cuando no satisface las propias necesidades, a pesar de que muchas ofertas invitan a la infidelidad o al abandono. Una mujer puede cuidar a su esposo enfermo y allí, junto a la Cruz, vuelve a dar el «sí» de su amor hasta la muerte.

PAPA FRANCISCO, AL 162

La historia de amor que los une a ustedes también llegará a un punto en el que ya no estará presente el enamoramiento de los primeros días. Tienen delante la vida cotidiana y, con ello, también disputas, decepción, aburrimiento. Que el amor no se marchite depende de las raíces: la fidelidad. Ser fiel significa:

➡ después de una disputa dar el primer paso, hacer el bien al otro y ser imaginativo en eso;

➡ tolerar las debilidades del otro, preverlas y amortiguarlas;

➡ alegrarse por las fortalezas del otro, celebrar sus éxitos;

➡ alentar en lugar de desalentar;

➡ amar al otro y, de ese modo, hacer que aflore lo bueno que hay en él.

Entonces, el amor podrá volver a florecer siempre de nuevo.

B 2 Cor 12,9; 1 Cor 10,13; 1 Tes 5,23-24 **CCE** 1615 **Y** 263 **AL** 62, 162 **FC** 13

> **¿Cómo puedo prometer fidelidad «tanto en la prosperidad como en la adversidad» si no sé qué tan difíciles serán los días que vendrán (alcohol, drogas, infidelidad)?**

Sí, podría ser que el día de mañana se abatiera una catástrofe sobre su matrimonio. Y hasta seguramente habrá crisis. Ya en el casamiento puede haber grietas subterráneas que estén enmascaradas por el primer enamoramiento. Algunos desestiman esta idea con un «¡Todo irá bien!» o incorporan una cláusula secreta de cancelación. Si no estás dispuesto a darlo todo para recibirlo todo, es mejor que no pases por el altar. El test de prueba del amor y lo especial del matrimonio consiste en que los esposos asumen conscientemente el «riesgo residual» de un futuro incierto porque saben que Dios está a su lado.

Lo esencial del amor es su incondicionalidad. Entonces siempre habrá algo que pueda resultar catastrófico, pero con la ayuda de Dios serás fiel. En el peor de los casos, podrá incluso ser necesario vivir separados por algún tiempo si se cierne un peligro para el cuerpo y para la vida (también de los hijos). Tú serás fiel, aunque solo sea en las oraciones y en no dejar caer al otro. Si reconoces en el otro a la persona que quiere mantener esa fidelidad, entonces vale la pena asumir el riesgo de llegar a ser «una sola carne» (Gn 2,24) y caminar inseparablemente unidos en los buenos y en los malos momentos.

La alegría matrimonial, que puede vivirse aun en medio del dolor, implica aceptar que el matrimonio es una necesaria combinación de gozos y de esfuerzos, de tensiones y de descanso, de sufrimientos y de liberaciones, de satisfacciones y de búsquedas, de molestias y de placeres, siempre en el camino de la amistad, que mueve a los esposos a cuidarse […] mutuamente.
PAPA FRANCISCO,
AL 126

B Gn 2,24; Rom 8,28 **CCE** 1646 **CIC** 1152-1155 **AL** 124, 241

Si Dios quiere que seamos felices, ¿por qué tenemos que soportar un matrimonio desdichado?

Dios nos invita a recorrer un camino exigente. Nos capacita para un amor que soporta también un sufrimiento profundo de uno a causa del otro. Es esa fidelidad la que otorga la paz interior —que es otro tipo de felicidad—. El camino de Cristo también condujo por la cruz a la alegría de la resurrección. Un matrimonio es un proyecto de amor y no una máquina de producir felicidad, y los cónyuges no son garantes de felicidad. Para la felicidad ilimitada Dios ha previsto el cielo: un día seremos felices para siempre.

99 El amor verdadero duele. Siempre tiene que ser doloroso amar a alguien; tiene que ser doloroso dejarlo; uno quisiera morir por él. Cuando la gente se casa tiene que abandonarlo todo para amarse.

SANTA TERESA DE CALCUTA (MADRE TERESA)

En un matrimonio desdichado deberían hacer todo lo posible por salvar el matrimonio, incluso con ayuda profesional. No obstante, en casos de violencia y abuso nadie está obligado a mantener la vida en común. A veces la separación es ineludible y también indispensable. No obstante, con eso el matrimonio de ustedes no termina, pues es imagen de la fidelidad de un Dios que nunca pierde el interés en nosotros, aun cuando nos vayamos a tierra extraña y nos desviemos por los caminos más increíbles.

99 Si uno está preocupado de que, la próxima vez que le toque sufrir, todos los sentimientos de felicidad acumulados quedarán en nada, tampoco podrá ser feliz hoy. De modo que solo se puede ser feliz si se tiene la certeza de que, incluso en situaciones límite, incluso en el dolor, en la culpa y en la muerte, puede seguir habiendo algún sentido. Si no se cree eso, no se puede ser profunda y serenamente feliz.

MANFRED LÜTZ (*1954), psiquiatra y autor alemán

> **¿Y si lo que nos separa no es la muerte, sino otro amor?**

La fidelidad forma parte de la esencia del amor. Todo el mundo sabe lo erróneo y ridículo que sería decir: «prometo serte fiel… hasta que otro amor nos separe». Por eso Jesús dice: «Que el hombre no separe lo que Dios ha unido» (Mc 10,9). Prometer algo y poder mantener esa promesa con la voluntad, el entendimiento y la gracia es la cumbre de lo humano. Hay que querer ser fiel, pues «solamente la decidida voluntad de aceptar incondicionalmente al otro en una fidelidad de por vida libera al amor de los cambiantes sentimientos y de la arbitrariedad y le confiere así un carácter permanente e inquebrantable» (Hans-Günter Gruber).

Aun cuando todo el mundo se comporte como si el «amor» fuese una fuerza irresistible de la naturaleza a la que hay que entregarse sin el ejercicio de la propia voluntad, recuerda que tienes una voluntad libre y que depende de ti que cedas a sentimientos nuevos y excitantes, traiciones y abandones a tu esposa/o o que seas fiable al cien por cien. No es ese «nuevo amor» el que los separa, sino que tú los separas y, posiblemente, le causas a tu esposa/o y a tus hijos un inmenso dolor. También te haces daño a ti mismo: Dios te ha regalado el don de poder ser fiel. Si eres infiel, destruyes ese don. Eso te empobrece. Y es pecado.

A veces el corazón puede dar saltos de locura, irracionales, y quiere marcharse con otra persona. Si cada día me esfuerzo por cuidar el corazón de mi cónyuge, reduzco el riesgo de que mi corazón se extravíe a jardines ajenos.

JOSÉ, España

B Mc 10,9; 1 Cor 10,13 **CCE** 1643, 1649-1650, 2353 **CIC** 1152 **Y** 264, 274

¿Me queda cerrado para siempre el acceso al amor si mi matrimonio fracasa?

El ser humano necesita amor desde su primer aliento hasta el último. Afortunadamente hay muchas formas de dar y recibir amor. El amor en el sacramento del matrimonio es algo especial: no termina aunque humanamente fracase. No puede haber un segundo amor de la misma índole mientras tu esposo/a viva todavía. Ustedes están «en alianza», son una unidad fundada por Dios, aunque esa unidad solo consistiese en que perdonas al otro y rezas por él. Es un fuerte testimonio de fe que una persona casada y abandonada siga viviendo el matrimonio que se ha roto cultivando, sí, amistades, pero sin tener nuevas relaciones sexuales. No obstante, no se debe condenar a nadie que no reúna las fuerzas para hacerlo de ese modo. Puede haber razones «serias», por ejemplo, el bien de los niños, para vivir en una nueva relación (FC 84).

Dice *Amoris laetitia* sobre los divorciados que han vuelto a constituir una pareja: «A las personas divorciadas que viven en nueva unión, es importante hacerles sentir que son parte de la Iglesia, que "no están excomulgadas" y no son tratadas como tales, porque siempre integran la comunión eclesial. Estas situaciones "exigen un atento discernimiento y un acompañamiento con gran respeto, evitando todo lenguaje y actitud que las haga sentir discriminadas, y promoviendo su participación en la vida de la comunidad. Para la comunidad cristiana, hacerse cargo de ellos no implica un debilitamiento de su fe y de su testimonio acerca de la indisolubilidad matrimonial"» (AL 243).

> **i** Si un matrimonio fracasa es posible orientarse por las **«cinco atenciones»** formuladas por la arquidiócesis de Viena: sé atento
>
> 1. con los niños;
> 2. con el cónyuge que vive separado;
> 3. con la cuestión de la culpa;
> 4. con los matrimonios fieles;
> 5. con la conciencia y con Dios

B Sal 37,5; Mt 19,6 **Y** 270
AL 241-243 **FC** 83-84

¿La muerte significa realmente el fin de nuestro matrimonio? ¿No permanecemos unidos también en la muerte?

Cuando nuestro cuerpo terreno muere, el matrimonio también llega a su fin. Sin cuerpo no hay matrimonio. De modo que casarse de nuevo después de la muerte de un cónyuge no es una falta contra la fidelidad. Pero, así como la muerte no es el fin de la vida, sino una transformación y un nuevo comienzo, así también la muerte del cónyuge no es el fin de la relación. Los difuntos siguen viviendo en Cristo, y por medio de Cristo estamos unidos de una forma mucho más intensa de lo que jamás fue posible en la tierra.

A menudo el amor es tan fuerte que un cónyuge que queda viudo no quisiera casarse nunca más y anhela que, de alguna manera, el matrimonio continúe en el cielo. Pero Jesús corrige esa idea: «Cuando resuciten los muertos, ni los hombres ni las mujeres se casarán, sino que serán como ángeles en el cielo» (Mc 12,25). Realmente en el cielo estaremos fascinados por Dios, el amor de los amores. Sin embargo, en medio de ese amor descubriremos de nuevo el amor de nuestra vida terrena en su profundidad y belleza.

En Dios encontraremos todo el amor, también el amor al compañero de nuestro matrimonio terreno... una totalidad de amor que antes de la muerte no pudimos experimentar de forma plena por muchas circunstancias, como accidentes, incapacidades, prisión, secuestro, viaje o abandono.

NAYA, Líbano

¿Por qué debemos asumir responsabilidad en la sociedad?

Dios los une y los hace doblemente fuertes. De esa manera pueden asumir juntos responsabilidad por una sociedad en la que sus hijos y todas las demás personas puedan vivir de una forma que corresponda a la dignidad humana. Ustedes son un matrimonio cristiano. No se mantengan al margen cuando se trate de personas en la calle donde viven o en su barrio, ni tampoco cuando se trate de la conservación de la creación, de la justa distribución de los bienes y de la resistencia contra las ideologías políticas.

Tan pronto como ustedes abandonan su isla y se preocupan por los demás, por ejemplo, por la soledad escondida de las personas mayores, entrará vida, alegría y dinamismo en su matrimonio. Su compromiso se necesita con urgencia. Como matrimonio, como padres y madres, poseen un saber práctico especial en muchos ámbitos: la familia, la educación, la escuela, la salud y la enfermedad, la conciliación entre familia y trabajo, la protección de la vida, etc. Mantengan los ojos abiertos para ver dónde se los necesita. En pocas palabras: por su servicio a los demás, el mundo será un lugar mejor y más pacífico.

La familia no debe pensarse a sí misma como un recinto llamado a protegerse de la sociedad. No se queda a la espera, sino que sale de sí en la búsqueda solidaria. Así se convierte en un nexo de integración de la persona con la sociedad y en un punto de unión entre lo público y lo privado. Los matrimonios necesitan adquirir una clara y convencida conciencia sobre sus deberes sociales. Cuando esto sucede, el afecto que los une no disminuye, sino que se llena de nueva luz.

PAPA FRANCISCO, AL 181

¿Cómo podemos comprometernos en la Iglesia como matrimonio?

Antes de que se lancen al activismo, lo más importante es el testimonio que den: «Nosotros hemos conocido el amor que Dios nos tiene y hemos creído en él» (1 Jn 4,16). La gente debe reconocer en el rostro de ustedes algo del amor fiel y vivificante de Dios. Si ustedes dejan entrar a Dios en su vida, serán una de las células de la Iglesia, una *ecclesiola* (= pequeña Iglesia), una iglesia doméstica. Cuanto más lo logren, tanto mejor podrán asumir tareas de voluntariado en la comunidad parroquial, por ejemplo, en la catequesis o en la misa de niños.

Tampoco deberían encerrarse en su iglesia doméstica. Experimentarán el corazón de la Iglesia si se reúnen los domingos con la comunidad en torno al altar, donde escuchan la palabra de Dios y reciben a Jesús en la eucaristía. Y la Iglesia los necesita: en la preparación al matrimonio, en el acompañamiento de parejas, en la preparación a la primera comunión y a la confirmación, en el trabajo con niños y jóvenes, en el acompañamiento de familias monoparentales y de personas separadas. No todo el mundo puede hacerlo todo: el marco está dado por el tiempo, las fuerzas, los nervios y los talentos. Cada pareja debe hacer lo que pueda sin que su matrimonio y su familia sufran por ello.

En la familia, la fe se transmite junto con la vida, de generación en generación: se comparte como el pan de la mesa y los afectos del corazón. Esto la convierte en un lugar privilegiado para encontrar a Jesús, que nos ama y siempre quiere nuestro bien.

PAPA LEÓN XIV, Homilía en el Jubileo de las Familias, 1 de junio de 2025

PÁGINAS 180-227

Vivir el
amor,

crecer

en

el **amor**

5

Cómo continúa el matrimonio y qué se necesita para que perdure

«La danza

Un párroco está como invitado en unas bodas de oro y le pregunta a la señora, ya mayor, en presencia de los invitados: «¿Cómo lo lograron? ¿Puede contarnos su secreto?». «¿El secreto de llevar 50 años casados? ¡No dejar nunca que sepa que tengo razón!!».

Si uno sabe cuán a menudo los matrimonios terminan hoy ante el juez de divorcios, incluso habiendo sido contraídos ante Dios o cuando ya hay hijos, se puede entrever qué gran gracia es un matrimonio que dure toda la vida. En efecto, fácilmente, y casi sin que uno se dé cuenta, el amor se pierde por el camino. Y, con él, todas las cualidades: «paciencia, comprensión, tolerancia y generosidad». Así, el amor es «sustituido poco a poco por una mirada inquisidora e implacable, por el control de los méritos y derechos de cada uno, por los reclamos, la competencia y la autodefensa» (AL 218). Entonces, un día se dice:
«Los sentimientos que teníamos el uno por el ya no eran sufi-

no debe

en ese amor joven

cientes. Pero seguimos siendo buenos amigos…». ¡Qué triste!

Por ese motivo, este capítulo aborda preguntas y problemas que tienen que ver con la firmeza y estabilidad de los matrimonios en las crisis. El papa Francisco sabe en qué fracasan: en que ya no son más una «danza», en que se convierten en «agua estancada» que «se corrompe, se echa a perder» (AL 219).

El Papa alaba la vitalidad y el dinamismo en el amor de los jóvenes. «La danza hacia adelante con ese amor joven, la danza con esos ojos asombrados hacia la esperanza, no debe detenerse. […] El amor que no crece comienza a correr riesgos, y solo podemos crecer respondiendo a la gracia divina con más actos de amor, con actos de cariño más frecuentes, más intensos, más generosos, más tiernos» (AL 219, 134). ¡Eso es, exactamente! Se trata de que juntos nos ayudemos a crecer el uno al otro.

detenerse».

PAPA FRANCISCO, AL 219

¿Cómo puedo ser una buena esposa, un buen esposo?

Dios ha dado a los hombres y a las mujeres dones para complementarse. Así, cada uno de ellos puede hacerle la vida más fácil al otro y ambos pueden ayudarse a llegar al cielo. Eso es lo que quiere expresar Pablo cuando dice: «Ayúdense mutuamente a llevar las cargas, y así cumplirán la Ley de Cristo» (Gal 6,2).

Quien solamente se pregunta «¿Mi cónyuge me hace suficientemente feliz?» nunca llegará a ser feliz. Amar significa desear el bien y hacer el bien a la persona amada. «Y así, no lo sé», dice el Papa, «pienso en ti que un día irás por las calles de tu pueblo y la gente dirá: "Mira aquella hermosa mujer, ¡qué fuerte!...". "Con el marido que tiene, se comprende". Y también a ti: "Mira aquel, cómo es". "Con la esposa que tiene, se comprende". Es esto, llegar a esto: hacernos crecer juntos, el uno al otro. Y los hijos tendrán esta herencia de haber tenido un papá y una mamá que crecieron juntos, haciéndose —el uno al otro— más hombre y más mujer».

> Con el matrimonio es como con la Sagrada Familia en Barcelona: es una obra permanente, y solamente sigue siendo hermoso si cada cual trabaja sobre sí mismo; de otro modo, pronto será una ruina.
> **MICHAELA VON HEEREMAN**

Tomamos mucho café juntos y recordamos aquellas «tres palabras importantes» del papa Francisco: «permiso», «gracias», «perdón».
LEANCHA, Irlanda

> Amar a alguien es estar solo viendo una maravilla invisible para los demás...
> **FRANÇOIS MAURIAC**
> (1885-1970), escritor francés

Los seres humanos somos diversos. En el amor también hay algo más que el lenguaje que se habla con la boca. Cuando nos abrazamos habla nuestro cuerpo. Cuando nos hacemos regalos habla nuestro corazón. Pero no se puede prescindir completamente de las palabras. Si el hombre y la mujer solo hablan de lo más necesario pero su relación se queda muda y sus sentimientos ya no encuentran expresión, deberían averiguar de forma amable, mansa y sin falso orgullo de qué depende ese mutismo.

Cuando un matrimonio se hunde en el mutismo se puede hacer algo:

➡ «Comparte conmigo tus pensamientos»: una petición en tono amable es más apropiada que el reproche para abrirle la boca al otro.

➡ «¿Puedo decirte lo que me preocupa?»… Dar el primer paso ayuda al otro a abrirse.

➡ «Emprendamos algo juntos, solo nosotros dos». Seguramente existe el lugar y el momento en que a ambos se les abre de nuevo el corazón.

➡ «No quiero perderte»: ¡buscar a tiempo ayuda profesional!

Muchas veces uno de los cónyuges no necesita una solución a sus problemas, sino ser escuchado. Tiene que sentir que se ha percibido su pena, su desilusión, su miedo, su ira, su esperanza, su sueño.

PAPA FRANCISCO, AL 137

FLASH **13** ♥ LIGHT

Chch.. rr..

Chrrr...

?

Chrrr...

¿Cómo se afronta la situación cuando uno habla y el otro no quiere hablar?

¿Es malo que tengamos muchas disputas en el matrimonio?

Depende del modo en que se dispute. En ningún matrimonio es posible evitar las discusiones. En todas las cuestiones importantes hay que poner sobre la mesa las diferencias de opinión, expresarlas y aclararlas. Aun así, los hijos pueden experimentar las discusiones entre los padres como algo muy amenazante. El arte de la disputa consiste en decir la verdad sin herir al otro ni guardarle rencor. El objetivo tiene que ser siempre preservar la unidad. Solo hay que preocuparse por el matrimonio cuando las disputas se vuelven destructivas: cuando uno de los dos deja de intervenir y guarda silencio, o cuando uno emite juicios de valor sobre el otro mediante reproches o lo ofende. Las disputas no deben terminar jamás en violencia física ni sin reconciliación.

A menudo las disputas se producen porque se ha omitido hablar sobre pequeñas cosas que generan disgusto en el día a día. Tiene que haber momentos en los que el matrimonio comente también esas cosas con amor. Dios puede ayudar a volverse de nuevo hacia el otro. A veces son heridas interiores que alguien trae consigo al matrimonio y que inevitablemente desencadenan las disputas. Si esas heridas no se reconocen ni se sanan, pueden llegar a ser incluso explosivas para el matrimonio. En esos casos hay que acudir con confianza a un sacerdote o agente de pastoral o a un terapeuta.

Y ¿cómo debo hacer las paces? ¿Ponerme de rodillas? ¡No! Solo un pequeño gesto, algo pequeño, y vuelve la armonía familiar. Basta una caricia, sin palabras.
PAPA FRANCISCO, AL 104

FLASH
14 ♥
LIGHT

Jesús hizo una promesa también a las familias: «Donde hay dos o tres reunidos en mi Nombre, yo estoy presente en medio de ellos» (Mt 18,20). **Todo lo que hace a la Iglesia en grande se da ya en la familia: al rezar, al acudir a la santa misa, al contar acerca de la fe, al estar a disposición de otros, la familia es «iglesia doméstica».**

¿Cómo se puede llegar a ser, como pareja, una «iglesia doméstica»?

Si realmente quieren llegar a ser «iglesia doméstica», inviten a Dios a entrar en el amor que hay entre ustedes. Eso es lo que significa rezar. La oración de ustedes tiene que ser muy, muy sencilla:

Alguna vez hay que hacer que la «iglesia doméstica» se quede en el salón de casa.
ALEXANDER, Alemania

➡ estar simplemente ahí, ante una imagen, con una vela al lado. Respirar la paz de Dios;
➡ rezar juntos un padrenuestro;
➡ no sentarse a comer sin una bendición de la mesa ni irse a dormir sin una oración de la noche;
➡ leer un salmo o el evangelio del día;
➡ ¡no recurrir a grandes palabras! Basta con que se diga: «Aquí estamos, y ahora nos abandonamos por completo a ti, porque tú, Dios, quieres hacerte grande en nuestra vida».

La mejor herencia que un niño puede recibir es haber experimentado a sus padres como personas de oración.
MARÍA, India

¡Háganlo con regularidad! No se queden en fórmulas rígidas. No se sobre-exijan con buenos propósitos.

¿Cómo podemos vivir bien el matrimonio si no compartimos la misma fe?

Para un cristiano puede ser un dolor profundo no poder compartir lo más íntimo con la persona con la que comparte su vida: la fe. Pero un matrimonio así también puede tener buenas perspectivas si cada día se busca de nuevo el amor, si se renuncia a la persuasión y a la presión, y si se pone en manos de Dios el doloroso anhelo de una unidad vivida también en la fe.

El matrimonio con una persona que profesa una fe distinta no es sencillo, pero tampoco es imposible. Lo imprescindible es el respeto mutuo por las convicciones del otro. Lo ideal es cuando el cristiano católico puede vivir de forma abierta y atrayente su fe y educar a los hijos del matrimonio en esa fe. Pero, aun cuando eso no sea posible, se pueden desarrollar valores importantes: altruismo, escucha y comprensión de las preocupaciones del otro. La fe puede exteriorizarse también en el dar, en el compartir y en el trato cariñoso entre ambos esposos. Lo más importante es que cada uno apoye al otro en el amor a Dios y al próximo, en el acercamiento a Dios y en vivir juntos la promesa matrimonial. Como creyente se puede confiar en que Dios acompaña ese camino.

De todos modos, amar al cónyuge incrédulo, darle felicidad, aliviar sus sufrimientos y compartir la vida con él es un verdadero camino de santificación.

PAPA FRANCISCO, AL 228

> **¿Qué papel pueden desempeñar los suegros en el matrimonio?**

Ninguno. O solamente un papel de ayuda. La joven pareja es la que ha de dirigir el propio matrimonio. A menudo los padres tienen que aprenderlo de forma dolorosa. Pueden acompañar a sus hijos con su consejo y su acción siempre y cuando ellos así lo deseen. Pero tienen que retroceder cuando la joven pareja dice: «Podemos hacerlo nosotros mismos» o «Nosotros tomamos una decisión diferente». Y lo mismo se aplica en todos los ámbitos de la vida.

Las dificultades son una gran ayuda para el matrimonio. A mí me resulta muy tranquilizador saber que ahora tengo otros dos padres que me aman.

DIVIN, Camerún

Hay un bonito refrán acerca de lo que los hijos deberían recibir de sus padres: raíces y alas. Cuando dejas la casa de tus padres no tienes que perder tus raíces. Puedes llevar contigo todo lo bueno: la confianza fundamental, el cobijamiento, los valores, la fe. Pero no acepten ningún regalo que los haga dependientes. El matrimonio es como un árbol nuevo en un jardín nuevo. Pídanles a sus padres que les regalen alas para su propio mundo. En el momento en que ustedes «dejan a su padre y a su madre» tienen el derecho a un camino propio y a una vocación propia. Un día podrán devolver todo el amor que han recibido.

> **Una persona casada ¿puede tener todavía amigos con los que comparta secretos?**

Cuando te casas le estás diciendo a tu cónyuge: «no quiero ocultarte nada de mi persona. Eres para mí la persona más importante en toda mi vida». Si eso lo tienes claro, puedes disfrutar de la dicha de la amistad también con personas con las que tienes una historia en común o con las que compartes determinados intereses. Pero también sabes que debes poner fin a toda amistad por la que tu matrimonio se vea perjudicado o debilitado. «No perturben el amor» (cf. Cant 2,7), dice el Cantar de los Cantares. La intimidad que hay entre ustedes no debe ser perturbada por nadie de fuera. Si ese principio está firme, un grupo de buenos amigos será una ganancia para la pareja.

Puedes tener muchos amigos, pero solo puedes casarte con una única persona. Solo a una persona puedes entregarte totalmente. A menudo se desdibuja esta diferencia. Puede ser que estés rodeado de personas que no la respetan. Quizá algún amigo espera de ti una familiaridad que no puedes darle, pues sería una «infidelidad» y una traición a tu gran amor, por el que te has decidido en la presencia de Dios. Hay que ejercitar la distancia con respecto a terceras personas. Y si en este campo se presentan problemas, no estaría mal pedir consejo a un acompañante espiritual o a una pareja católica con experiencia.

Nadie debería conocernos mejor que nuestra esposa o nuestro esposo. Con una única excepción: Dios, nuestro Señor.

PRISCILLA, Indonesia

¿No se desvanece todo amor con el tiempo?

Los cristianos no viven a partir de una reserva limitada de sentimientos, sino, en última instancia, del amor de Dios: «El amor no pasará jamás» (1 Cor 13,8). El amor de la pareja puede desvanecerse, pero también puede crecer y, con el tiempo, llegar a ser, a su manera, hasta más profundo y hermoso que en el período del primer amor. Porque el amor es más que un sentimiento: es una decisión.

Quisiera ser amado por alguien que haya decidido amarme y que vea en mí algo que merece ser amado.
GARY CHAPMAN (*1938), consejero de parejas y escritor estadounidense

FLASH **15** LIGHT

El amor es una fiesta, pero también es vida cotidiana. Si el primer enamoramiento se ha desvanecido, ¡no se preocupen! Es la oportunidad para alcanzar el siguiente nivel del amor. Así, el amor puede ser más verdadero, más entrañable, más indulgente con los defectos del otro, más orgulloso de lo logrado y sufrido en común, más respetuoso en la valoración, más incondicional en la entrega. Las parejas felices tienen un secreto: «Hemos aprendido a orar juntos cada día. De ese modo, Dios se convirtió en la fuente de fuerza de nuestro matrimonio». Y «Estén siempre en modo "conquista". No olviden el momento en el que se enamoraron con todo su ser».

¡Dale siempre el trozo más grande del pastel de manzana! Es un consejo que me susurró mi suegro en la boda. Después resultó que también se lo había susurrado al oído a mi mujer.
LUC SERAFIN

B 1 Cor 13,1-13; Jn 12,24-25; Jn 15,13
Y 8, 263, 193 **AL** 89, 90, 133, 135

¿Cómo afronto la soledad en el matrimonio?

El ser humano no ha sido creado para la soledad. Cuando Dios vio que Adán estaba solo, creó a Eva. Debemos ser una bendición el uno para el otro. Casarse y después sentirse abandonado es una dificultad que hay que enfrentar con esfuerzo humano y con la ayuda de Dios. Pero hasta en el matrimonio más dichoso el marido y la mujer se ven superados si esperan el uno del otro la felicidad consumada y el fin absoluto de su soledad. En el interior de todo ser humano sigue habiendo un lugar vacío que está para ser llenado solamente por Dios.

La soledad en el matrimonio puede ser opresiva y profundamente dolorosa. Podemos sentirnos solos aun sin estarlo: por no ser apreciados, percibidos, amados.

➡ En los momentos críticos no te retraigas a tu caparazón.

➡ Preséntale a Dios tu vacío interior. Pídele una señal de su presencia.

➡ Sé consciente de que, desde Dios, eres muy valioso/a. Ya eres amado/a antes de que el otro te acepte.

> Nuestro anhelo de ser totalmente reconocidos, totalmente comprendidos y de estar allí totalmente cobijados va más allá de toda otra persona humana. Se dirige hacia el eterno, el omnipresente.
>
> **PAUL ALTHAUS** (1888-1966), teólogo evangélico

> Cada uno tiene sus cruces secretas. ¿Por qué no contarle a Dios lo que perturba al corazón, o pedirle la fuerza para sanar las propias heridas, e implorar las luces que se necesitan para poder mantener el propio compromiso?
>
> **PAPA FRANCISCO,** AL 227

Cuando me siento sola/o en presencia de mi esposo/a, quizá podamos decidirnos a pasar más tiempo juntos y a hacer cosas bonitas en común.

UGOCHI, Nigeria

B Gn 2,18; Sal 25,15-17 **AL** 43

¿Qué pasa si mi cónyuge cambia tanto en el matrimonio que no reconozco en él/ella a la persona con la que me casé?

Todo lo que tiene vida cambia. Ya a partir del primer día, el matrimonio es un apasionante proyecto común de crecimiento. Sin embargo, es malo si el marido o la mujer no quieren ya crecer juntos o si uno de los dos cambia tanto —por ejemplo, por la violencia, el alcohol o las drogas— que la vida en común se vuelve imposible.

El amor es una decisión que tienen que tomar cada día de nuevo. Cada día renuevan su promesa matrimonial, su sí. Pero si comienzan a hacer de su convivencia un infierno, mejor será que asalten el cielo en la oración y busquen a tiempo consejo y ayuda. Y si el otro cambia tanto que se convierte en una amenaza para el cuerpo y la vida, la separación es ineludible. Aun así, el matrimonio sacramental no termina con eso, pues el hombre y la mujer «ya no son dos, sino una sola carne. Que el hombre no separe lo que Dios ha unido» (Mt 19,6). No pocas personas viven esta dolorosa forma de amor fiel.

¿Cómo afronto los celos?

Los celos pueden ser una señal cuando aparece competencia en el amor y, de ese modo, uno de los cónyuges tiene la sensación de que el otro ya no está de corazón junto a él. Es importante hablar de ese miedo. Existen también celos injustificados: por ejemplo, cuando no me gusta dejarle al otro espacio de libertad para su desarrollo o cuando me obsesiono sin razón por miedo a perder el amor del otro. Ese tipo de celos requiere ser sanado mediante un acompañamiento pastoral y, en casos más difíciles, también mediante ayuda psicológica.

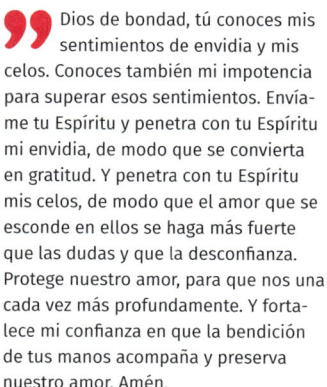

99 Dios de bondad, tú conoces mis sentimientos de envidia y mis celos. Conoces también mi impotencia para superar esos sentimientos. Envíame tu Espíritu y penetra con tu Espíritu mi envidia, de modo que se convierta en gratitud. Y penetra con tu Espíritu mis celos, de modo que el amor que se esconde en ellos se haga más fuerte que las dudas y que la desconfianza. Protege nuestro amor, para que nos una cada vez más profundamente. Y fortalece mi confianza en que la bendición de tus manos acompaña y preserva nuestro amor. Amén.

P. ANSELM GRÜN, OSB

La persona celosa tiene miedo de no ser suficientemente amada o de no ser valiosa como para ser amada. Este drama puede experimentar una solución profunda si la persona afectada se expone al amor sanador de Dios. Es importante que te aceptes en tus celos y que no estés acusándote continuamente. Si esa es tu herida, no la escondas, sino pídele también a tu marido o a tu mujer que te acepte en tu debilidad. Y sobre todo: exponle tu herida a Dios. Dile todo, también tu miedo a ser abandonado o menospreciado. En ninguna otra parte puede tocarte Dios de forma más profunda y sanadora que allí donde estás más profundamente herido.

¿Qué se debe hacer si uno de los cónyuges se enamora de otra persona o hasta se ha acostado con ella? ¿Significa eso automáticamente el fin del matrimonio?

En casi todos matrimonio sucede que, por un momento, se está fascinado por otra mujer, por otro hombre. Y, a veces, la tentación es tan grande que hasta se llega al adulterio: el mayor «desastre nuclear» para cualquier matrimonio. Aquí no solamente se rompe con el marido o con la mujer, sino que también se rompe la alianza con Dios. No obstante, eso no significa el fin de un matrimonio. Dios perdona toda culpa, y aceptar de nuevo a un cónyuge infiel es un acto heroico de amor. Una crisis puede ser incluso el comienzo de un amor más profundo.

No desarrolles amistades que un día pudiesen significar más que tu marido o tu mujer. Si «te sucede», eres tú quien tiene la responsabilidad de pronunciar un no rotundo a la aventura y construir una confianza nueva en el amor de tu vida. Rompe de inmediato todo contacto con la aventura. Confiésate y busca de nuevo el amor perdido en el matrimonio. Imagínate qué difícil es para aquella persona a la que has engañado entregarte de nuevo la confianza perdida. Si estás arrepentido/a y pides sinceramente perdón, con ayuda de la gracia es posible un nuevo comienzo. En ese marco pueden ser de gran utilidad el acompañamiento terapéutico y el espiritual. Si eres tú el/la que ha sido engañado/a, también en eso reside la oportunidad de descubrir tus propias zonas oscuras y encontrar el camino hacia un amor más maduro, en lugar de apartarte con amargura.

De ningún modo hay que resignarse a una curva descendente, a un deterioro inevitable, a una soportable mediocridad. Al contrario, cuando el matrimonio se asume como una tarea, que implica también superar obstáculos, cada crisis se percibe como la ocasión para llegar a beber juntos el mejor vino.
PAPA FRANCISCO, AL 232

B Lc 17,3-4 **CCE** 2353, 2364-2365, 2380-2381 **Y** 424 **AL** 232-240

¿El perdón también tiene límites?

No. El perdón cristiano no tiene límites. Según la palabra de Jesús, debemos perdonar al otro no siete veces, sino setenta veces siete (o sea, una y otra vez), con independencia de lo que nos haya hecho. La disposición de Dios al perdón es ilimitada, pero nuestras fuerzas humanas a veces tienen límites

PAPA SAN JUAN PABLO II

Del perdón florece la reconciliación.

El perdón es el único remedio eficaz contra el odio y la amargura. Puesto que en el casamiento se unen dos seres humanos imperfectos, siempre de nuevo se lastimarán el uno al otro. Por eso, el matrimonio solo puede resultar logrado si ambos se deciden una y otra vez de corazón a perdonar. A menudo hace falta largo tiempo hasta que el perdón por el que luchas llega a tu corazón. Donde a pesar de todo no se llega a una reconciliación, donde están en juego la violencia o las drogas o un matrimonio está tan deteriorado que no existe expectativa alguna de mejoría, la Iglesia acepta una «separación de mesa y lecho» con el fin de proteger al más débil.

B Mt 18,21-22 **CCE** 227, 314 **Y** 524 **AL** 61-66 **DC** 323

1 **AGRADECE**
a Dios que te haya perdonado
todo cuando se lo pediste y
que también te perdonará
en el futuro.

2 **VE**
en el otro a tu hermana, a tu
hermano, nunca a tu enemigo.

3 **ESCUCHA**
al otro con la misma atención-
con la que tú deseas ser escu-
chado/a. Déjalo hablar, no lo
interrumpas. Calla. Pregúntale
después, para comprenderlo
aún mejor.

4 **DESCUBRE**
en la debilidad del otro tu
propia debilidad. Mira al
otro y mírate a ti mismo
con los ojos de Jesús.

5 **COMPARTE**
más bien tu dolor y tus
sentimientos sobre lo ocu-
rrido antes que formular
reproches y acusaciones.

TEMA ESPECIAL: Diez pasos...

6 **Muéstrate**
en tu vulnerabilidad.

7 **Date**
a ti mismo y dale al otro el tiempo que necesita para un nuevo comienzo.

8 **Haz una pausa**
si el conflicto se prolonga, pónganse de acuerdo en hacer algo que en el pasado los acercó: salgan de caminata, vayan a un concierto...

...de la reconciliación

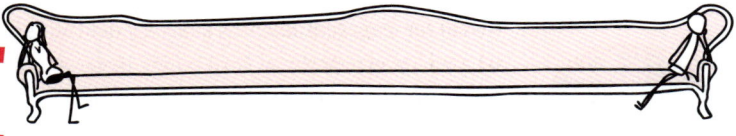

9 **Ora**
pidiendo el Espíritu Santo de la reconciliación. Ora como si todo dependiera de Dios y actúa como si todo dependiera de ti.

10 **Pon**
todo en las manos de Dios y dite a ti mismo que, un día, él podría sorprenderlos con soluciones en las que todavía no habían pensado.

¿Sexo y ternura son lo mismo?

No. Hay ternura sin sexo, pero nunca debe haber sexo sin ternura. El sexo sin amor es una contradicción en sí mismo. Porque el sexo es el lenguaje corporal del amor, un lenguaje natural y que se entrega en libertad. El que obliga a tener sexo o paga por él destruye el amor, también en el matrimonio.

A menudo los cónyuges experimentan el sexo como «excesivo, demasiado fuerte, demasiado fogoso...». Pero el sexo es el lenguaje corporal del amor solamente si el otro siente que no se dirige solamente a su cuerpo, sino a su persona. Esto se manifiesta en abrazos, en el encuentro de las miradas, en sonrisas y palabras... dicho brevemente, en ternura. Por la ternura desarrollamos la capacidad de fineza, de presencia y de ritmo sereno. Es muy importante captar esos sentimientos suaves y delicados del otro. De ese modo, el sexo puede llegar a ser un dar y recibir, un regalo para ambos.

En muchas regiones rurales de la India, las expresiones y gestos físicos de ternura entre el hombre y la mujer, por ejemplo, los abrazos, el beso en la mejilla, etc., se consideran como actos de índole sexual y, por eso mismo, son tabú. Esto ya ha ocasionado asesinatos horribles o castigos muy severos por parte de las comunidades locales.

DERICK, India

¿Cómo podemos afrontar las diferencias que se dan entre el varón y la mujer en cuanto a las necesidades de ternura y sexo?

El hecho de que las mujeres piensan, sienten y aman de manera distinta que los hombres (y viceversa) no es una desventaja, sino un auténtico regalo de parte de Dios. Si satisfacemos amorosamente las necesidades del otro sexo y nos adentramos con apertura y curiosidad en el misterio del otro, el amor nunca llegará a su fin en nosotros. Seguiremos llenos de vida y nos haremos más humanos.

A menudo pareciera como si los hombres tuviesen más deseos de sexo que las mujeres. Sin embargo, los deseos de las mujeres son igual de fuertes, solo que se despliegan de otra manera. Al igual que en el baile, es apasionante buscar juntos el ritmo correcto. La mujer no debe sentirse «atropellada» ni el hombre debe sentirse rechazado. Así, el placer compartido será hermoso y adquirirá intensidad, calidad y permanencia.

En el matrimonio es importante tener sexo con regularidad a fin de que la alegría de uno por el otro no decaiga. Amarse con los sentidos y con el cuerpo y llegar a ser uno de ese modo es uno de los mejores regalos que los cónyuges pueden hacerse. Unirse íntimamente en el placer es maravilloso. Pero los hombres deberían comprender que hay otras muchas maneras de expresar el amor, por ejemplo, lavar los platos.

PABLO Y AMALIA, España

¿En el sexo está permitido todo lo que resulta divertido?

Todo lo que sea una expresión auténtica del amor y que corresponda a la dignidad humana está permitido. La agresividad destruye en su núcleo el juego placentero del amor. Especialmente durante el sexo no se debe degradar, humillar o avergonzar jamás los sentimientos del otro.

La Iglesia no da a los matrimonios ninguna norma concreta para configurar su vida amorosa en común, pero les recuerda dos criterios fundamentales. Primero: el placer sexual es bueno, es un don especial de Dios. El hombre y la mujer deben gozar el uno del otro en su sexualidad. En segundo lugar, el placer tiene un marco, que en el lenguaje tradicional se denomina «castidad». Pues el sexo no es solamente sexo, sino comunicación, diálogo de amor, y para eso es absolutamente necesario que la otra persona sea percibida y apreciada en su totalidad. Por lo tanto, hay que rechazar las prácticas sexuales indignas.

Dios ama

❓ CASTIDAD
Es casto alguien que en el amor no tiene motivaciones deshonestas ni malas intenciones, que es interiormente claro, que siente lo que conviene al amor.

¡Frío!

¡Muy frío!

el gozo de sus hijos.

PAPA FRANCISCO, AL 147

> **¿Qué pasa si mi marido exige de mí algo que me resulta desagradable?**

En la sexualidad el hombre y la mujer pueden regalarse físicamente el uno al otro de una forma bella e imaginativa. Pero no se utilizan como objetos de placer ni para la propia satisfacción personal, sino que, también en el sexo, se demuestran respeto mutuo.

En el amor nadie tiene derecho a exigir del otro algo que le resulte desagradable. El que ama respeta ese derecho. Todo lo demás es abuso. Quizá les resulte incómodo hablar sobre la sexualidad, pero tú tienes el derecho —y, tal vez, hasta el deber— de decir lo que te molesta. Quizá el otro no sabe lo que te desagrada o que te sientes utilizada. En algunos matrimonios se da incluso el delito de violación. Aun cuando fuese tu propio marido, tienes que buscar ayuda externa.

¡Muy frío!

¡Más frío!

B ¿No saben que sus cuerpos son templos del Espíritu Santo, que habita en ustedes y que han recibido de Dios?
1 Cor 6,19

B 1 Cor 13 **Y** 402 **AL** 124, 208

¿Es lícito buscar un poco de estímulo en la pornografía cuando el sexo se vuelve aburrido?

De ninguna manera. Contemplar la actividad sexual de otras personas para dar alas al propio sexo significa dar cabida al veneno de la infidelidad en lo más íntimo del corazón del amor.

FLASH **16** ♥ *LIGHT*

Cuando el sexo deja de ser divertido hay indudablemente problemas más profundos. Pues cuando al lenguaje del cuerpo se le acaban las palabras, a menudo el hombre y la mujer tampoco tienen mucho más que decirse. El consumo de pornografía es un asesino de matrimonios: oculta los problemas en lugar de abordarlos. No incorporen jamás la pornografía en su estilo de vida. Acostarse para el amor es el secreto más íntimo entre el hombre y la mujer. Romper su clausura con un «cuerpo extraño» destruye lo esencial: el lenguaje del amor.

CCE 27, 1718-1719, 1725, 2331-2336 **Y** 281 **AL** 61-66 **DC** 1, 5, 9

¿Qué pasa si (con el tiempo) el cuerpo de mi pareja me resulta repulsivo?

En el amor disfrutamos de la atracción erótica del otro. Que el otro sea sexi trae consigo que nos enamoremos y que siempre de nuevo nos sintamos atraídos el uno por el otro. Pero mi marido o mi mujer es más que el cuerpo atractivo que me depara placer: es la encantadora persona que he elegido. El amor se hace pleno en la aceptación real, definitiva e incondicional del otro.

Nadie sigue siendo eternamente joven. Nuestros cuerpos envejecen, nos enfermamos y, un día, morimos. Eso es seguro. Aun así, la felicidad del amor puede todavía profundizarse, porque con el correr de los años se descubre en el otro una belleza que al comienzo estaba todavía oculta. Dice el poeta Christian Morgenstern: «En realidad, hermoso es todo lo que se contempla con amor. Cuanto más ama alguien el mundo, tanto más hermoso lo encontrará». Para que el otro me contemple en el amor y me descubra siempre de nuevo, me pongo hermoso o hermosa para él. No descuido mi aspecto físico y cuido mi apariencia y a mi salud.

B Dt 30,19; 1 Cor 13 **Y** 402 **AL** 124, 208

¿Puedo decidir dejar de tener sexo en el matrimonio?

Sí y no. La unión sexual en el matrimonio es la expresión corporal de la entrega del hombre y la mujer. Es que «ya no son dos, sino una sola carne» (Mt 19,6). Las parejas deben prestar atención a que su encuentro íntimo no se degrade al cumplimiento de un «deber conyugal»: para ambos debería llegar a ser una fiesta y expresión del amor. De todas maneras, puede haber fases en las que la abstinencia sexual sea un signo muy elocuente de amor y de consideración por el otro.

No existe ningún derecho a tener sexo: tampoco en el matrimonio. Pero sería desamorado hacer que el cónyuge pase hambre en el campo sexual. Ambos cónyuges tienen que hablar abiertamente sobre el tema, escuchar juntos la voz de Dios y no atender solamente el propio bienestar, sino también el del otro.

? **ABSTINENCIA**
significa privarse voluntariamente de algo.

B 1 Cor 7,5 **CCE** 364, 2360-2363 **Y** 400, 403, 417 **AL** 142-152, 231

¿Cómo cambia mi vida cuando me convierto en padre o en madre?

El amor entre el hombre y la mujer incluye el anhelo de, algún día, poder regalar vida. A partir del momento en que realmente está creciendo un hijo en el seno de la madre, los amantes experimentan una profunda transformación: se acercan más que nunca antes a Dios, el Creador; a partir de ese momento serán toda una vida padre y madre y, si Dios quiere, también una familia. Es una riqueza, una dicha, pero también una responsabilidad

Una madre es la única persona en el mundo que ya te ama antes de conocerte.

JOHANN HEINRICH PESTALOZZI
(1746-1827), pedagogo suizo

Nace un hijo... y toda la vida cambia. Al comienzo hay que ocuparse del bebé las 24 horas, levantarse durante la noche, amamantarlo, cambiarle los pañales... Se sacrifica un montón de tiempo para estar a disposición del pequeñín. Transitoriamente, los padres no pueden estar tan disponibles como antes el uno para el otro. No se podrá perseguir la propia carrera o los pasatiempos preferidos como a uno le gustaría. Aun así, lo que acontece es algo muy hermoso: la vida se ahonda y uno se asombra del otro: hombres recios se vuelven de pronto «paternales» y mujeres duras desarrollan rasgos «maternales».

B 1 Pe 4,10 **Y** 372, 516 **CCE** 2231 **AL** 55, 166, 172-177

Todo se modifica. Nuestra relación cambia, nuestra vida privada y amorosa se modifica y nuestros cuerpos también. No hay familia sin cambios, sin modificaciones. En los momentos en que uno lo nota, nos da ánimos levantar los brazos hacia Dios y decir: ¡Señor, condúcenos a través de este tiempo y fórmanos así para tu gloria!

ALEXANDER, Alemania

Convertirnos en padres no ha perjudicado en nada nuestra relación de amor. Por el contrario: hoy sabemos valorar aún más el amor que nos tenemos.

JOHNPAUL, Nigeria

A más tardar cuando se tiene hijos llega la oportunidad de hablar sobre los valores y la fe que se desearía transmitir a los hijos y sobre cómo se puede hacer para que la fe esté viva en la familia.

LEANCHA, Irlanda

La paternidad me ha convertido en una persona compasiva, más amorosa con mi esposa, más respetuosa con mis padres y más cuidadosa en cuanto al modo en que vivo, sabiendo que mis hijos me están mirando constantemente.

RAYMOND, India

Como joven de alrededor de 35 años quería cambiar el mundo y, entonces, me vi en la situación de cambiar pañales. Al principio fue duro. Hoy reconozco que he madurado mucho y que mi verdadera vocación en la vida es mi familia.

JOE, Irlanda

¿Cuál es el papel del padre y de la madre en la educación de los hijos?

La tarea más importante de los padres es hacer del hogar un espacio de confianza. No hay para la vida del niño ninguna persona más importante que el padre, con excepción de la madre, y ninguna persona más importante que la madre, con excepción del padre. Dios creó al ser humano varón y mujer para que se complementen y apoyen mutuamente. Y, al igual que para el nacimiento de un niño se requieren un padre y una madre, lo mismo ocurre con la educación de los hijos.

A pesar de que en todas las culturas del mundo hay más cosas en común que diferencias entre hombres y mujeres, los etólogos, que estudian el comportamiento, hablan de estilos de juego y de educación mutuamente complementarios del padre y de la madre. A menudo los padres juegan con sus hijos con una mayor acentuación del cuerpo y de forma más desafiante; y, en la educación, suelen poner límites claros. Por el contrario, las madres juegan con los niños de forma más tranquila y tierna y educan de manera más comunicativa. Los hijos varones suelen aprender de su padre lo que significa ser un hombre; las hijas aprenden de su madre el ser mujer. Para las hijas el padre es el primero y más importante «varón de prueba». Para los hijos, la madre es la primera mujer en su vida. Cuanto más amoroso y respetuoso sea el trato de los padres entre sí y con los hijos, tanto más alcanzarán los hijos confianza en sí mismos y capacidad para establecer en el futuro un vínculo de amor.

B Dt 5,13-19 **Y** 368, 418 **AL** 55, 175

¿Cómo podemos aprender a rezar como familia con nuestros hijos?

Viéndolo de forma realista, en la mayoría de los casos, durante años la oración con los niños no será una cosa muy devota y recogida. Aun así, la oración ejercitada pacientemente con los niños es tanto para ellos como para los padres una oportunidad única para aprender juntos lo hermoso que es dirigirse a Dios con confianza y sentir su cercanía. Los niños nos obligan a encontrar palabras sencillas y verdaderas para agradecer, alabar y glorificar a Dios por todo lo bueno que nos regala. Juntos podemos pedir su ayuda y su protección en las grandes y pequeñas dificultades de la vida cotidiana.

Cuando se reza con los niños, ellos aprenden a creer.

JERÔNIMO, Brasil

Cada familia tendrá que encontrar su propio estilo de entrar en relación con Dios. He aquí algunas ideas: antes de irse a dormir o de partir a la escuela, signar la frente del niño con una cruz, bendecirlo. Antes de comer, rezar una bendición de la mesa. A la noche, sentarse junto a la cama del niño para contarle una historia de la Biblia infantil —por ejemplo, el relato de la curación del paralítico puede desembocar en una oración por la salud de la abuela enferma—. Ofrecer el día a Dios, darle las gracias, pero también lamentarse ante él por las cosas difíciles, pedir perdón, por ejemplo, por la impaciencia de los padres o por las peleas de los hijos. Y algo muy importante: vivir con la Iglesia y con el año litúrgico. Traer a la familia el Adviento, la Navidad, la Pascua, Pentecostés. De ese modo, «el espacio vital de una familia» se puede «transformar en iglesia doméstica, en sede de la Eucaristía, de la presencia de Cristo sentado a la misma mesa» (AL 15). Y en una experiencia que acompañe a los hijos toda la vida.

B Mt 6,7-13 **AL** 227, 318

¿Pueden los esposos determinar por sí mismos cuántos hijos quieren tener?

Sí, por supuesto. Un matrimonio puede decidir de forma responsable acerca del número de hijos que quiere tener y de la distancia de tiempo entre sus nacimientos. No obstante, poder regalar vida es un don maravilloso de Dios que ningún matrimonio cristiano debe rechazar por principio.

A veces hay circunstancias sociales, psíquicas o de salud en las que otro hijo representaría un reto casi sobrehumano para la pareja. Pero hay criterios claros que los matrimonios pueden observar: primero, regulación de los nacimientos no puede significar, en primer lugar, que el matrimonio excluya por principio la concepción de un hijo. Segundo, no puede significar que se limite el número de hijos por motivos egoístas. Tercero, no puede significar que intervengan presiones externas (por ejemplo, si el Estado decide cuántos hijos le está permitido tener a una pareja). Y, cuarto, no puede significar que se utilicen métodos abortivos tempranos o contrarios a la dignidad de las personas.

No. Ninguna empresa del mundo puede exigirte que congeles tus óvulos para que tengas tus hijos cuando ya seas infértil. La gestación de un hijo no debe ser un procedimiento técnico: todo hijo merece surgir de la unión amorosa entre el hombre y la mujer. En la fecundación de un óvulo por el espermio de un varón en el cuerpo de la mujer, Dios Creador nos concede participar en el prodigio de la nueva vida. Absolutamente nadie tiene derecho a inmiscuirse en ese acontecimiento íntimo en grado sumo que se da entre el hombre y la mujer.

> **¿Puede una empresa exigirme que congele mis óvulos para la planificación familiar?**

Hay empresas que, impulsadas por el afán de lucro y para contar con colaboradoras valiosas, alientan a las mujeres a hacer congelar sus óvulos. Se tienta con dinero y carrera a las jóvenes y se les sugiere que podrían liberarse de frustrantes limitaciones biológicas. En realidad, se trata de una nueva forma de explotación de la mujer. De ese modo se ignora la intangible dignidad de la mujer. No deberías depositar tu confianza en nadie que no se interese por tu bienestar integral. Una empresa verdaderamente buena posibilita a las mujeres una conciliación laboral de carácter humano, horarios flexibles, teletrabajo, ayuda adicional para el cuidado de los hijos, etc.

Trabajo para una multinacional y he tenido que ver cómo mis compañeras de trabajo abortaban o se hacían esterilizar a fin de tener éxito en la empresa. Las mujeres no reciben paga alguna ni pueden ascender si quieren estar disponibles para la familia o están en «modo bebé». Congelar óvulos, fertilización in vitro, aborto y cosas semejantes son temas totalmente normales en nuestra empresa.

JOVEN DE BANGALORE, India

¿Está permitida la esterilización? ¿Está permitido hacerse esterilizar si es que no se pueden tener más hijos de forma segura?

Ser fértil y poder dar vida es un regalo único, una gracia de parte de Dios. Por eso la Iglesia rechaza la realización de intervenciones artificiales que impidan por la fuerza la gestación de nueva vida o la hagan imposible. Entre tales intervenciones se cuentan también la esterilización del varón o de la mujer. Hacerse esterilizar sin razones absolutamente concluyentes es una automutilación y, por ese mismo motivo, también un pecado.

Muchos afirman con liviandad: «Los hijos no son una opción para mí». Se hacen esterilizar. Más tarde se arrepienten de su decisión y quieren revertir ese «drástico procedimiento», por cierto con muy inciertas probabilidades de éxito. La Iglesia no solamente defiende a las personas contra la esterilización o el aborto forzados por el Estado, como se siguen practicando todavía en algunos Estados totalitarios. También desea proteger a las personas y a las parejas de decisiones que signifiquen una violación del carácter sagrado de la vida.

Algunas organizaciones no gubernamentales [...] difunden el aborto, promoviendo a veces en los países pobres la adopción de la práctica de la esterilización, incluso en mujeres a quienes no se pide su consentimiento.

BENEDICTO XVI,
Caritas in veritate 28

¡Claro que se sigue siendo imagen de Dios! Hay muchas maneras de ser paternal o maternal y de que los esposos sean juntos imagen del amor de Dios, incluso sin el don de hijos propios.

¿Como familia ya no se es imagen de Dios si no se pueden tener hijos?

Que un matrimonio no pueda tener hijos puede significar un gran dolor para ambos cónyuges. A menudo el hombre y la mujer lo sufren de manera diferente. La falta de hijos no debe interpretarse nunca como un castigo de Dios. Él tiene muchos caminos. Una pareja cristiana sin hijos también puede «vivir la fecundidad del amor» (papa Francisco, AL 181): puede ser fecunda espiritualmente, puede abrir su casa con hospitalidad, puede ser «iglesia doméstica». Como madrina o padrino se puede ser la «persona especial» en la vida de un/a joven. Es posible que Dios le confíe a un matrimonio sin hijos el ser padres de acogida o padres adoptivos de hijos de otros padres que sufren necesidad. Si la pareja no se cierra en sí misma sigue siendo siempre imagen del amor creador de Dios al mundo y del amor fecundo de Cristo a su Iglesia.

¡Qué bien! Dios puede unir a seres humanos en el Espíritu Santo para que engendren hijos espirituales. ¡Y cuántos magníficos hijos tienen! Eso se ve cuando se contempla la vida de san Juan Pablo II y de santa Teresa de Calcuta. ¿Fueron ellos infecundos? ¡No! Nada le impide a un matrimonio invertir vida en favor de otros.

MARÍA, India

B Gn 35,11; Jos 54,1; 66,8; 51,3; 1 Cor 6,17 **Y** 262
C 1654 **AL** 83

Si no podemos tener hijos de forma natural, ¿podemos recurrir a la fecundación artificial o a la maternidad subrogada?

No. La maternidad subrogada es indigna del ser humano, tanto para la persona que «encarga» el bebé, como para la madre sustituta y, sobre todo, para el niño. La fecundación artificial tampoco es aceptable. «Toda ayuda para concebir un niño a través de la investigación y la medicina debe terminar cuando una tercera persona disuelve y destruye lo común de la paternidad o cuando la procreación se convierte en un acto técnico fuera de la unión sexual en el matrimonio» (YOUCAT 423). Sin embargo, la medicina moderna está desarrollando métodos cada vez mejores por los cuales una pareja puede aprovechar todas sus posibilidades naturales.

No tener hijos a pesar de querer tenerlos es un reto doloroso para muchos matrimonios. Sin embargo, no existe el derecho a «producir» técnicamente hijos, ya que estos son un regalo de Dios. «Estas técnicas (inseminación y fecundación artificiales heterólogas) lesionan el derecho del niño a nacer de un padre y una madre conocidos de él y ligados entre sí por el matrimonio. Quebrantan "su derecho a llegar a ser padre y madre exclusivamente el uno a través del otro" (Congregación para la Doctrina de la Fe, Instr. *Donum vitae*, 2, 4)» (CCE 2376). Pero la fecundación artificial homóloga (el semen procede del propio marido) también puede plantear problemas éticos. A menudo se producen seres humanos «excedentes», que son congelados o abortados. Por eso la Iglesia también rechaza el DGP (diagnóstico genético preimplantacional) si se realiza con el fin de eliminar embriones imperfectos. Cuando un niño se convierte en el producto de un procedimiento técnico, algunas personas plantean la cínica cuestión de la calidad del producto y de la responsabilidad por el producto. Por buenas razones, un niño debería surgir de la unidad amorosa de un encuentro sexual personal.

Si una pareja es infértil, ¿cómo puede afrontar el sufrimiento y la presión social que se da en algunas culturas?

Si al sufrimiento de la infertilidad se agrega una presión externa, una pareja puede llegar al límite de sus fuerzas. Lo que ambos necesitan en ese momento es la ayuda de buenos amigos, la oración en común con la petición de fortaleza interior y la disposición a pensar su vida de nuevo. Nadie en el mundo debe desvalorizarlos. Si no pueden tener hijos, Dios les abrirá en otro lugar una puerta a una vida feliz y llena de sentido. Y él puede transformar todo dolor, por grande que sea, quizá preguntándose a sí mismos: «¿Para qué estamos aquí?».

Hay palabras de la Sagrada Escritura que nos dan fortaleza y resistencia. Por un lado, está la siguiente: «Ayúdense mutuamente a llevar las cargas» (Gal 6,2). En medio de un profundo dolor, el amor entre el hombre y la mujer puede hacerse más grande de lo que era antes y ambos pueden descubrir a Aquel que «tomó nuestras debilidades y cargó sobre sí nuestras enfermedades» (Mt 8,17): Jesús. Y también está esta otra palabra, que alienta a una pareja a no encerrar dentro de sí su sufrimiento interior: «Alégrense con los que están alegres, y lloren con los que lloran» (Rom 12,15). ¡Busquen la consoladora comunión con otros cristianos! Quizá hasta encuentren personas que hayan tenido experiencias semejantes.

Como muestra el evangelio, la infertilidad corporal no es un mal absoluto, pero para muchos matrimonios es un gran sufrimiento. No obstante, todo dolor es siempre también una oportunidad para renovar su «sí» y su plena confianza en Dios, y para tomar por de pronto la vida tal como se presenta. Por otra parte, la Iglesia nos enseña que el matrimonio no ha sido instituido solamente para engendrar hijos. De modo que, aunque la esperada bendición de tener hijos no llegue, el matrimonio conserva su valor, así como su indisolubilidad. Además, la paternidad y maternidad no son una realidad exclusivamente biológica, sino que se expresan de diferentes formas. En tal sentido, toda pareja está llamada a alguna forma de fecundidad.

Una adopción, es decir, la aceptación de un hijo ajeno como si fuera propio, es una acción maravillosa de amor al prójimo. Pero debe estar fundada en genuina compasión y amor desinteresado y nunca deberse a que alguien piense necesitar un hijo para realizarse personalmente. Los hijos tienen derecho al amor, pero nadie tiene derecho a un hijo.

¿Qué piensa la Iglesia sobre las adopciones?

La Iglesia alienta expresamente a dar un nuevo hogar a niños sin familia. La adopción de un niño puede ser un camino en el cual un matrimonio viva su «fecundidad espiritual». A eso se opone la obtención egoísta de niños, sea mediante maternidad subrogada, mediante el tráfico de niños o por otras vías. Los niños no deben ser nunca instrumentalizados, tampoco para llenar el vacío existencial de una persona o de una pareja. Con buenas razones la Iglesia desea que los niños sin hogar sean incorporados a una comunidad llena de amor en la que puedan experimentar un padre y una madre.

El que recibe a uno de estos pequeños en mi Nombre, me recibe a mí.
Mc 9,37

B Mc 9,37 **CCE** 2378-2379 **Y** 422, 435
AL 124, 208 **DV** 2, 8 **FC** 14,31

¿Existe en el matrimonio una precedencia de un sexo sobre el otro? ¿Están ciertos ámbitos temáticos reservados con exclusividad a uno de los sexos (economía, cuidado del hogar, educación de los hijos)?

Los hombres y las mujeres tienen exactamente la misma dignidad frente a Dios, aun cuando ese hecho no se conozca en todas partes. En el plan de Dios con la creación no existe ninguna asignación de roles fija entre mujeres y hombres. No obstante, el matrimonio está formado por dos personas con cromosomas, hormonas y talentos distintos, que harán bien en aportar sus preferencias y capacidades al matrimonio. En el amor no tienen cabida alguna los juegos de poder.

En nuestro matrimonio hemos tomado numerosas decisiones erróneas. Pero cada decisión que tomamos en común y en la oración fue buena.

THIERRY Y CHRISTINE, Francia, 45 años de matrimonio

Lamentablemente, todavía hay culturas en las que las decisiones políticas y profesionales, pero también las familiares o financieras, son asunto de los hombres. Aparte de que los hombres no pueden tener hijos y de que la madre enfrenta exigencias diferentes que el padre con respecto a los hijos, no hay ningún ámbito del matrimonio en el cual el hombre y la mujer no tengan la misma responsabilidad, los mismos derechos y las mismas obligaciones. Naturalmente, el hombre y la mujer tienen que hablar sobre el asunto y distribuirse de común acuerdo las competencias. Siempre habrá ámbitos en los que uno de los dos aporte una mayor capacidad práctica que el otro.

B Gal 3,28 **CCE** 2333-2335 **AL** 54, 175, 220

¿En qué medida hay que llegar a arreglos para que nuestro matrimonio funcione?

No se den por contentos con arreglos mal concertados. ¡Busquen soluciones en común! Y que cada uno quiera lo mejor para el otro.

Un matrimonio fundado en arreglos mal concertados no es fuente de alegría. Por necesidad se asumen cosas a las que realmente no se ha dicho un «sí». Un elemento esencial de un matrimonio feliz consiste en la voluntad de considerar al otro con respeto y en buscar juntos lo mejor para todos. Dice el papa Francisco: «En cada nueva etapa de la vida matrimonial hay que sentarse a volver a negociar los acuerdos, de manera que no haya ganadores y perdedores sino que los dos ganen» (AL 220). Los acuerdos logrados se fundan en un amor como el que Pablo describió como signo para reconocer a los cristianos: ese amor «es paciente, es servicial; [...] no es envidioso, no hace alarde, no se envanece, [...] no busca su propio interés, [...] no tiene en cuenta el mal recibido» (1 Cor 13,4-5).

> Hay que salvarse juntos. Hay que llegar juntos hasta Dios. Hay que presentarse unidos. No podemos ir a ver a Dios los unos sin los otros. Es preciso que volvamos todos a la vez a la casa de nuestro Padre. [...] ¿Qué nos diría él si llegásemos, si volviésemos los unos sin los otros?
> **CHARLES PÉGUY** (1873-1914), poeta francés

> Un matrimonio perfecto es un marido imperfecto y una mujer imperfecta que se niegan rotundamente a renunciar el uno al otro.

> **¿Me impide el matrimonio descubrir mi vocación individual y desarrollar mis talentos?**

Dios no completó la historia de la creación del hombre con una criatura individual, Adán, sino con la búsqueda de una «ayuda adecuada» para el hombre (Gn 2,20). En el matrimonio la mujer y el marido tienen que encontrar el uno en el otro la ayuda que hace la vida de ambos completa, bella y llena de sentido. De modo que no solamente existe la vocación al matrimonio, sino que en el matrimonio ambos deben liberarse mutuamente para lo mejor que está depositado en ellos.

Desarrollar el hábito de dar importancia real al otro. Se trata de valorar su persona, de reconocer que tiene derecho a existir, a pensar de manera autónoma y a ser feliz. [...]. Para ello hay que tratar de ponerse en su lugar e interpretar el fondo de su corazón, detectar lo que le apasiona.

PAPA FRANCISCO, AL 138

El matrimonio crea un «nosotros» a través del cual llega a florecer también la individualidad del marido y de la mujer. En efecto, Dios nos ha creado para que nos ayudemos mutuamente a desplegar nuestros dones. Pregúntale al otro por sus necesidades. De ese modo te enterarás de sus dones, talentos y sueños. Ayúdense mutuamente para tener el tiempo y la libertad necesarias para el desarrollo profesional y para pasatiempos personales, como el deporte, la lectura, la pintura... Esto no podrá darse sin hacer concesiones y llegar a acuerdos, en especial si hay niños. Pero si cada uno da un paso atrás en determinados momentos para dar lugar a los deseos del otro, ambos llegarán a ser felices.

¿Cómo puedo vivir el matrimonio sin que sea el fin de mi propia realización?

El que ama realiza su yo verdadero, pues Dios nos ha creado para el amor. Regalarse por amor no significa abandonarse a sí mismo. Jesús dice: «Amarás a tu prójimo como a ti mismo» (Mt 22,39). Solamente puede amar quien se ama y acepta a sí mismo, quien se presta atención a sí mismo y desarrolla sus dones y capacidades. Pues en el amor también rige que solo puede dar quien tiene algo que regalar.

El amor quiere que el hombre y la mujer crezcan juntos. Es un camino que merece la pena, pero también del cual uno puede desviarse a derecha o izquierda: se pueden perseguir ciegamente los propios intereses y perder de vista el bien de la familia y del cónyuge. O uno puede sacrificarse por la familia, quedar en desventaja como persona y, de ese modo, dejar de ser percibido. Encontrar un buen equilibrio en este punto es un gran arte, en especial cuando llega un hijo. Hablen abiertamente y con amor sobre sus necesidades. Además, en cuestiones del trabajo todos somos reemplazables, pero como padres no. Tampoco el papá es reemplazable. No solamente los hijos desean intensamente papás implicados, sino que también a muchos hombres les encantaría tener más tiempo para sus hijos. Permítanse regularmente un tiempo de oasis en el que también puedan hablar de ustedes mismos, de su relación y de su división del trabajo.

Pregúntate, tal vez, dónde comenzó el proceso de perderte a ti mismo/a. No es fácil ser sensible y honesto consigo mismo/a.

INES, Indonesia

❞ Saber encontrar la propia alegría en la alegría de los demás es el secreto de la felicidad.
GEORGES BERNANOS (1888-1948), escritor francés

> **Soy una mujer y tengo una formación excelente. ¿Tengo que renunciar a todas mis capacidades solo porque me convertiré en madre?**

Hay un momento para todo, dice la Biblia. Por eso, quizá para ti hay un tiempo para la carrera y un tiempo para ser madre. Ser madre es una vocación especial y un regalo de Dios. A cambio de eso, por un tiempo tu profesión desempeñará un papel secundario. El hijo te dirá cuánto tiempo y fuerzas tienes que invertir ya ahora para permanecer al día en tu tema profesional.

Cuando te conviertes en madre se te confía lo más valioso que hay en el mundo: un pequeño ser humano. En las primeras semanas y meses tu bebé te necesita por completo. Todavía en los primeros dos a tres años es en tu presencia donde normalmente se siente más seguro. Las madres

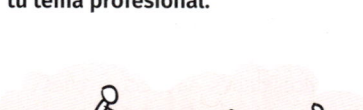

asocian en sí una docena de profesiones. De modo que tú puedes aprovechar tus talentos también teniendo un hijo. Sé creativa. O entra de nuevo en la profesión de a poco, cuando sea el momento para ti y para tu familia. Y, sobre todo, confía en tu marido cuando se ocupe del hijo que tienen en común. Fortalece su confianza en sí mismo como padre participativo. Para el hijo él es tan importante como tú. Ten paciencia: la vida tiene distintas etapas. Quizá ahora tengas que dar un paso atrás, para que a tu hijo no le falte nada en el amor o tu marido pueda concentrarse en cuidar de las bases materiales. Cuando los hijos sean mayores llegará el momento en que podrán decidir juntos cómo pueden conciliar la profesión y la familia.

Cuando nuestros hijos eran pequeños permanecí todo el tiempo en casa. Pero mi marido me dio siempre de nuevo la posibilidad de aprovechar los fines de semana para ampliar mi formación, haciéndose cargo de los niños. De ese modo, mi formación no se vio perjudicada y él se mantuvo al pie del cañón con los niños.

MICHAELA, Alemania

¿Cómo tomamos decisiones buenas en el matrimonio?

Cuando estén casados encontrarán a muchas personas que saben con exactitud qué es lo que ustedes tienen que hacer. Les dirán cómo tienen que comportarse o cómo deben educar a sus hijos. Pero para decisiones realmente importantes es mejor no escuchar solamente a tal persona, sino también a tal o a cual otra, ni tampoco decidir de inmediato, sino hacer silencio en el interior y escuchar la voz de Dios. Pídanle a Dios el «discernimiento de los espíritus». Si se han tomado tiempo y han buscado consejo, si han intercambiado en el amor y han escuchado a Dios, llegarán a un punto en el que estarán de acuerdo y encontrarán la paz necesaria para tomar decisiones importantes.

A veces se está ante preguntas muy importantes, por ejemplo: ¿tenemos derecho a separarnos? ¿Podríamos darle un hogar a un niño en acogida? ¿Debo aceptar un puesto de trabajo en el extranjero? Otras veces se trata de decisiones pequeñas en la vida cotidiana de un matrimonio. ¡Bienvenidos al campo de entrenamiento de la fe práctica y aplicada! Si quieren ser una pareja cristiana, denle a Dios un papel en su casa, en su vida, en sus pensamientos. Dejen que él intervenga en el diálogo. Interésense por lo que ÉL quiere de ustedes. Experimentarán cómo eso les ayuda a avanzar. Pregúntense a la luz de Dios y en su presencia por el bien objetivo. ¿Tengo presente el bien del otro y de la familia? ¿Encuentro yo solo/a o encontramos en común la paz en la decisión? ¿Nos acerca esa decisión? ¿Al final nos aleja de Dios?

B 1 Re 3,9-12

Espíritu de Dios

En el matrimonio ustedes necesitarán una y otra vez el «espíritu del discernimiento», desarrollado a lo largo de siglos en la espiritualidad cristiana. Para tomar decisiones correctas presentamos aquí un listado útil:

No ahoga, sino que libera, alegra, ayuda y da oídos sensibles para detectar el pecado.

Conduce siempre a Jesús.

No sobreexige, no exige logros extraordinarios que superen mis posibilidades.

Ofrece perdón y liberación y confiere una sensibilidad delicada para las necesidades del otro, alienta a no condenar.

Regala palabras constructivas, inspiradas por el Espíritu de Dios. Genera alegría, paz y sorprende positivamente.

Conduce a lo esencial.

Deja madurar y crecer, avanza paso a paso, concede tiempo, no exige, sino que pide.

Da impulsos para la acción, despierta.

Nunca atenta contra el amor, sino que conduce a él.

Brinda serenidad interior, seguridad y fuerza. No recurre como medio a la amenaza.

No salta de un lado a otro. Conduce por un camino directo, claro, comprensible.

Conduce a lo que se necesita en el futuro inmediato. Dios habla atendiendo al momento concreto, exige apertura para el siguiente paso

Se ofrece, quiere que se le pida, se le rece.

El Espíritu...

Espíritu del engaño

Pone los errores bajo una luz turbia, desesperanzada,
condena y desalienta, engendra miedo.

Aleja de Jesús.

Sobreexige. Aprovecha los grandes ideales, las motivaciones
nobles y las palabras santas para sembrar confusión.

Conduce al endurecimiento, a la pertinacia,
a acentuar el derecho a plantear exigencias propias.

Utiliza palabras que banalizan, desalientan,
quitan la esperanza y hacen decaer el ánimo.

Aleja de lo esencial.

Es impaciente, exige, ordena, apremia, obliga,
pone exigencias categóricas, suscita resignación.

Paraliza, lleva a la pasividad, distrae de la acción.

Es desamorado, egoísta.

Pone bajo presión, suscita remordimientos
e inquietud de conciencia.

Conduce por caminos zigzagueantes, a los saltos,
le falta claridad, cambia a menudo de opinión.

Trae siempre a la memoria los últimos pasos (dados en
vano), nuestras derrotas y fracasos;
de ese modo nos causa miedo, nos intimida.

Impone a la fuerza.

...del discernimiento

¿Cómo reconozco la vocación que tenemos en común? ¿Cómo la vivo?

El matrimonio es una vocación en común. Tu marido/mujer debe reconocer en ti cuán paciente, tierno, lleno de humor y fiel es el modo de amar de Dios. Por eso, una boda cristiana no es un embellecimiento decorativo para un casamiento: es un sacramento, una vocación propia, exigente, como también ser sacerdote es una vocación.

Examínenlo todo y quédense con lo bueno

1 Tes 5,21

En la medida en que se han decidido el uno por el otro, en que viven fielmente ese amor, en que están dispuestos a recibir hijos y a acompañarlos toda la vida, ustedes se asemejan al creador y conservador de todas las cosas y se hacen semejantes al amor de Dios. Cuando hacen las cosas ordinarias con una entrega extraordinaria pueden reflejar la belleza del evangelio y de la familia. La familia totalmente normal que forman puede convertirse en una «iglesia doméstica (LG 11) y ser una célula viva en la que Dios habita en medio de los seres humanos.

AL 11
HV 26

Agradecimientos

Damos las gracias a todos los jóvenes a lo ancho del mundo por sus aportes, sus preguntas y sugerencias. Sin ellos, este libro no habría sido posible.

Agradecemos también en especial a Bernhard
Meuser, Michaela von Heereman, Johann Rhee y a
todo el equipo de redacción por reunir todas las
preguntas y por su elaboración editorial.

Índice de materias

Índice de nombres

Referencias bibliográficas

5 *La Biblia. Libro del Pueblo de Dios*, Estella: Verbo Divino, 2016.

5 Santa Sede, *Código de Derecho Canónico*, promulgado por Juan Pablo II el 25 de enero de 1983 (versión en español): https://www.vatican.va/archive/cod-iuris-canonici/cic_index_sp.html.

5 *Youcat Latinoamérica. Catecismo joven de la Iglesia católica*, Estella: Verbo Divino, 2022.

5 *Docat Latinoamérica. ¿Qué hacer?*, Estella: Verbo Divino, 2021.

5 *Catecismo de la Iglesia Católica*: https://www.vatican.va/archive/catechism_sp/index_sp.html.

5 *Lumen gentium*: https://www.vatican.va/archive/hist_councils/ii_vatican_council/documents/vat-ii_const_19641121_lumen-gentium_sp.html.

5 Pablo VI, *Humanae vitae*: https://www.vatican.va/content/paul-vi/es/encyclicals/documents/hf_p-vi_enc_25071968_humanae-vitae.html.

5 Juan Pablo II, *Familiaris consortio*: https://www.vatican.va/content/john-paul-ii/es/apost_exhortations/documents/hf_jp-ii_exh_19811122_familiaris-consortio.html.

5 Congregación para la Doctrina de la Fe, *Donum vitae*: https://www.vatican.va/roman_curia/congregation s/cfaith/documents/rc_con_cfaith_doc_19870222_respect-for-human-life_sp.html.

5 Benedicto XVI, *Deus caritas est*: https://www.vatican.va/content/benedict-xvi/es/encyclicals/documents/hf_ben-xvi_enc_20051225_deus-caritas-est.html.

5 Benedicto XVI, *Caritas in veritate*: https://www.vatican.va/content/benedict-xvi/es/encyclicals/documents/hf_ben-xvi_enc_20090629_caritas-in-veritate.html.

5 Francisco, *Amoris laetitia*: https://www.vatican.va/content/francesco/es/apost_exhortations/documents/papa-francesco_esortazione-ap_20160319_amoris-laetitia.html.

5 Francisco, *Gaudete et exsultate*: https://www.vatican.va/content/francesco/es/apost_exhortation s/documents/papa-francesco_esortazione-ap_20180319_gaudete-et-exsultate.html.

15 Francisco, Audiencia general del 24 de octubre de 2018: https://www.vatican.va/content/francesco/es/audiences/2018/documents/papa-francesco_20181024_udienza-generale.html.

15 Francisco, «Prólogo», *Youcat: Amor para siempre*, Youcat Foundation 2024, 12.

22 The Beatles, *All you need is love* (1967).

22 Agustín de Hipona, *Confesiones*, introducción, traducción y notas de P. Tineo Tineo, Madrid – Bogotá – Buenos Aires – México – Montevideo – Santiago de Chile: Ciudad Nueva, 2003, 54.

27 Serafín, Luc: *Lächle – und die Welt lächelt zurück*, Basilea: Brunnen Verlag, 2014.

29 Juan Pablo II, *Carta a las mujeres*, n. 3: https://www.vatican.va/content/john-paul-ii/es/letters/1995/documents/hf_jp-ii_let_29061995_women.html.

31 Juan Pablo II, Audiencia general del 11 de agosto de 1982, n. 4: https://www.vatican.va/content/john-paul-ii/es/audiences/1982/documents/hf_jp-ii_aud_19820811.html.

35 Juan Pablo II, Homilía del 8 de abril de 1987, n. 4: https://www.vatican.va/content/john-paul-ii/es/homilies/1987/documents/hf_jp-ii_hom_19870408_messa-cordoba.html.

36 Ricoeur, Paul, «La sexualité: La merveille, l'errance, l'énigme», en *Esprit* 28 (1960) n. 289, 1672.

38 Allen, Woody, cita de la película *Todo lo que usted siempre quiso saber sobre el sexo (pero nunca se atrevió a preguntar)* (1972), cf. Andrews, Robert, *The New Penguin Dictionary of Modern Quotations*, Penguin Books 2000, 7.

39 Schiller, Friedrich von, *El canto de la campana*, versión en español coordinada por Macià Riutort i Riutort, disponible en línea en https://usuaris.tinet.cat/mrr/assignatures/textos/Schiller/die_glocke_tradu_cast.html.

41 Juan Pablo II, Audiencia general del 20 de febrero de 1980, n. 4: https://www.vatican.va/content/john-paul-ii/es/audiences/1980/documents/hf_jp-ii_aud_19800220.html.

43 Agustín de Hipona, *Confesiones*, 120.

46 Cf. Benedicto XVI, *Deus caritas est*, nn. 9-10.

47 Ibíd., n. 11.

48 Swift, Jonathan, «Thoughts on various subjects», en íd., *The Battle of the Books and Other Short Pieces*: https://www.gutenberg.org/files/623/623-h/623-h.htm.

52 Francisco, *Christus vivit*, n. 246: https://www.vatican.va/content/francesco/es/apost_exhortations/documents/papa-francesco_esortazione-ap_20190325_christus-vivit.html.

53 Quass-Meurer, Hans-Jürgen, *Lebe – was du liebst!*, BoD 2021, 19.

53 Benedicto XVI, Homilía en el inicio de su pontificado, 24 de abril de 2005: https://www.vatican.va/content/benedict-xvi/es/homilies/2005/documents/hf_ben-xvi_hom_20050424_inizio-pontificato.html.

57 Knischek, Stefan, *Lebensweisheiten berühmter Philosophen. 4000 Zitate von Aristoteles bis Wittgenstein*, Hannover: Humboldt, 82009, 73.

59 Einstein, Albert, *Mi visión del mundo*, Barcelona: Tusquets, 1981, 13.

59 Cf. Tomás de Aquino, *Suma de Teología, I*, cuestión 19, art. 9, Madrid: BAC, 2001, 254.

62 Fight the New Drug: https://fightthenewdrug.org/analyzingpornhub-2023-annual-report/.

68 Benedicto XVI, «Prólogo», en *Youcat Latinoamérica*, Estella: Verbo Divino, 2022, 10.

69 de Caussade SJ, Jean-Pierre, *Traité de l'Abandon à la Providence Divine*, París: Perisse Frères, 1874, t. 1, 149.

71 «Alma de Cristo», en *Catecismo de la Iglesia Católica. Compendio*: https://www.vatican.va/archive/compendium_ccc/documents/archive_2005_compendium-ccc_sp.html.

71 Spadaro, Antonio, *Entrevista al papa Francisco*: https://www.vatican.va/content/francesco/es/speeches/2013/september/documents/papa-francesco_20130921_intervista-spadaro.html.

72 Roesler, Irene, *Vincent van Gogh. Sehnsucht und Leiden im Spiegel seiner Briefe*, BoD 2010, 35.

78 Hubbard, Elbert, *The Notebook of Elbert Hubbard*, Nueva York: Wm. H. Wise & Co., 1927, 112.

78 Hugo, Victor, *Les misérables*, tome I, Nîmes: Maxi-livre, 2002, 198.

79 Benjamin Disraeli, *Sybil: or the two Nations*, Londres: Oxford University Press, 1926, reimpresión 1967, 309.

83 Ansorg, Anja: *ABC des Glaubens*, Münster: Monsenstein und Vannerdat, 2008, 55.

[84] San Agustín, *Exposición de la epístola a los partos*, tratado VII, § 8, traducción a partir de *Obras de san Agustín*. *Edición bilingüe*, t. 18, Madrid: BAC, 1959, 304.

[85] Dunn Bertanzetti, Eileen, *Padre Pio's Words of Hope*, Our Sunday Indiana: Visitor Publishing Division, 1999, 174.

Rowling, Joanne K., *Harry Potter y la cámara secreta*, Barcelona: Salamandra, ¹⁶2001, 280.

[92] Kierkegaaard, Søren, *Postscriptum no científico y definitivo a «Migajas filosóficas»*, México: Universidad Iberoamericana, 2008, 426.

[95] Lewis, Clive S., *Los cuatro amores*, Nueva York: Rayo (Harper Collins), 2006, 70.

[100] Probst, Doris, *Weisheiten und Torheiten über die Liebe*, Maguncia: Ernst Probst 2001, 83.

[102] Schiller, Friedrich von, *El canto de la campana*, versión en español coordinada por Macià Riutort i Riutort, disponible en línea en https://usuaris.tinet.cat/mrr/assignatures/textos/Schiller/die_glocke_tradu_cast.html.

[104] Juan Pablo II, *Homilía del 15 de noviembre de 1980*, https://www.vatican.va/content/john-paul-ii/es/homilies/1980/documents/hf_jp-ii_hom_19801115_colonia-germany.html, n. 5.

[107] Lewis, C.S.: *Cristianismo... ¡y nada más!* (*Mere Christianity*), Miami: Editorial Caribe, 1977, 135.

[111] Confucio, *El Lun Yü en español*, capítulo 2, n. 24, pág. 18; en Internet: https://www.confucius.org/flipbook-spanish/index.html.

[113] Evert, Jason y Crystalina, *How To Find Your Soulmate Without Losing Your Soul*, Lakewood: Totus Tuus Press, 2011.

[120] https://www.spruch-des-tages.de/sprueche/die-person-die-dein-herz-gebrochen-hat-kann-nicht-die-person-sein-die-es-wieder-heilt-merk-dir-das/.

[123] Meuser, Bernhard: Entrevista titulada «Kirche, du sollst nicht lügen!»: https://www.kath.net/news/73207.

[124] Haskell, Rob, «Justin and Hailey Bieber Open Up About Their Passionate, Not-Always-Easy but Absolutely All-In Romance» (entrevista a Justin Bieber, 7 de febrero de 2019): https://www.vogue.com/article/justin-bieber-hailey-bieber-cover-interview.

[126] Grant, Cary, en Eliot, Marc: *Cary Grant: A Biography*, Nueva York: Harmony Books 2004, I (antes de la Introducción).

[126] Bonhoeffer, Dietrich, *Gesammelte Schriften*, 4. Auslegungen, Predigten, 1933 bis 1944, Múnich: Chr. Kaiser 1961, 403.

[128] Gschwend, Riccarda, *Typisch Einzelkind!? Chancen und Risiken eines Lebens ohne Geschwister*, BoD 2020, 75.

[129] Asamblea General de las Naciones Unidas, *Declaración Universal de los Derechos Humanos*, art. 16: https://www.un.org/es/about-us/universal-declaration-of-human-rights.

[129] Astrid Lindgren, *¡Violencia, jamás! [Discurso con ocasión de la concesión del Premio de la Paz de los Libreros Alemanes, 1978]*, Madrid: Kókinos, 2021, 38: https://editorialkokinos.com/uploads/activities/pdf/violencia_jamas_lower.pdf.

[134] Meuser, Bernhard: *Vorehelicher Sex* (Credopedia): https://web.archive.org/web/20220523180820/https://www.youcat.org/credopedia/premarital-sex/.

[136] Francisco, *Lumen Fidei*, n. 52: https://www.vatican.va/content/francesco/es/encyclicals/documents/papa-francesco_20130629_enciclica-lumen-fidei.html.

[138] Nodet, Bernhard, *Jean-Marie Vianney. Der heilige Pfarrer von Ars in seinen Gesprächen und Predigten*, Salzburgo: Otto Müller Verlag 1959, 180.

[140] Madre Teresa, *Un camino sencillo*, Nueva York: Ballantine Books, 1995, 57.

[148] Sekretariat der Deutschen Bischofskonferenz, *Christen und Muslime in Deutschland* (Arbeitshilfe 172), Bonn 2003, 382.

[152] Juan Pablo II, Audiencia general del 13 de febrero de 1980, n. 4: https://www.vatican.va/content/john-paul-ii/es/audiences/1980/documents/hf_jp-ii_aud_19800213.html.

[152] Benedicto XVI, *Discurso con ocasión de un Congreso organizado por el Instituto Juan Pablo II sobre el matrimonio y la familia*, 11 de mayo de 2006: https://www.vatican.va/content/benedict-xvi/es/speeches/2006/may/documents/hf_ben-xvi_spe_20060511_istituto-gp-ii.html.

[165] Ratzinger, Joseph, «Por qué sigo en la Iglesia», en íd., *Obras Completas*, t. VIII/2 *Iglesia, signo entre los pueblos. Escritos sobre eclesiología y ecumenismo*, Madrid: BAC, 2020, 1156.

[177] St. Teresa of Calcutta's Commencement Address to the Class of 1982: https://www.thomasaquinas.edu/about/bl-motherteresa%E2%80%99s-commencement-address-class-1982, vídeo a partir del minuto 15:35.

[174] Mother Teresa: *Love: A Fruit Always in Season*, San Francisco: Ignatius Press, 2014, 130-131.

[174] Schneebeli, Rebecca, *Eine Portion Glück, bitte!* (entrevista a Manfred Lütz): https://www.erf.de/lesen/themen/leben/eine-portion-glueck-bitte/6866-542-5395.

[175] Gruber, Hans-Günter, *Christliche Ehe in moderner Gesellschaft*, Friburgo de Brisgovia: Herder, 1994, 304.

[176] Plattform WIGE für Geschiedene und Wiederverheiratete, *Aufmerksamkeiten. Pastorale Handreichung für den Umgang mit Geschiedenen und mit Menschen, die an eine neue Partnerschaft denken*, nueva versión con citas de *Amoris Laetitia*, Viena, 2017: https://www.erzdioezese-wien.at/dl/slKnJKJLLLLNJqx4kJK/wige_Aufmerksamkeiten_2017_WEB_pdf.

[182] Citas del papa Francisco tomadas de AL 218.

[183] Ibíd., 219.

[183] Ibíd., 219 en combinación con ibíd., 134.

[183] Francisco, Discurso a las parejas de novios que se preparan para el matrimonio, 14 de febrero de 2014, respuesta a la 3ª pregunta: https://www.vatican.va/content/francesco/es/speeches/2014/february/documents/papa-francesco_20140214_incontro-fidanzati.html.

[184] Mauriac, François, *La pharisienne*, París: Bernard Grasset, 1941, 157.

[192] Chapman, Gary, *Die fünf Sprachen der Liebe. Wie Kommunikation in der Partnerschaft gelingt*, Marburgo: Francke-Buchhandlung GmbH, 2022, p. 30.

[193] Andonov, Zoran, *Verteidiger des Glaubens*, Lüdenscheid: Asaph 2007, 40.

[195] Grün, Anselm: *Leidenschaften und Gefährdungen: Sieben Todsünden*: https://www.kirchenzeitung.at/site/archiv/article/20047.html.

[197] Juan Pablo II, Ángelus de 12 de marzo de 2000, n. 2: https://www.vatican.va/content/john-paul-ii/es/angelus/2000/documents/hf_jp-ii_ang_20000312.html.

[205] Morgenstern, Christian, *Stufen. Eine Entwicklung in Aphorismen und Tagebuch-Notizen*, Capítulo «Kunst, Jahr 1895»: https://www.projekt-gutenberg.org/morgenst/stufen/chap004.html.

[206] Grubenmann, Nadine, *Ausgewählte Weisheiten, Zitate und Sprichwörter aus aller Welt. Inkl. Bauernregeln und einige Eselsbrücken*, BoD 2016, 83.

[219] Péguy, Charles: *El misterio de la caridad de Juana de Arco*, Madrid: Encuentro, 1979, 38.

[219] https://fathersofmercy.com/some-important-quotes-on-the-sacrament-of-matrimony/.

[221] Bernanos, Georges, *La joie*, París: Plon, 1929, 84.

Índice de imágenes

Adobe Stock: 48 (Jess Rodríguez), 49 (Woods), 50 (Adam Ján Figeľ), 53 (fizkes), 64-65 (tarasov_vl), 92 (EpicStockMedia), 100 (JenkoAtaman), 113 (Voyagerix), 140-141 (Sergii Figurnyi), 204 (Jacob Lund), 214 (HiroSund), 226-227 (Davide Angelini)

Imagen libre de derechos: 59

Dominio público: 26, 41, 145

Freepik: 42

iStock: 154-155

KNA: 213

Pexels: 23, 25, 36, 70, 111, 116, 124, 125, 152, 156, 165, 184, 192, 208, 220

Pixabay: 29, 170, 174, 188-189, 196, 202-203, 211, 212

PixaHive: 119

PIXNIO: 84

Privado: 5, 22, 25, 27, 33, 36, 37, 38, 42, 49, 50, 51, 52, 55, 57, 57, 58, 60, 67, 73, 77, 80, 81, 91, 93, 94, 97, 99, 106, 108, 109, 113, 114, 117, 118, 122, 144, 162, 134, 135, 138, 142, 144, 145, 147, 148, 154, 156, 157, 157, 157, 157, 158, 158, 162, 164, 168, 168, 169, 170, 175, 177, 180, 184, 187, 187, 190, 191, 193, 200, 201, 207, 207, 207, 207, 207, 209, 210, 213, 217, 221, 222

Pxfuel: 200-201

PxHere: 54, 72, 98, 127, 142-143, 194, 218

Unsplash: 18, 44, 64, 76, 82-83, 86, 95, 96, 105, 110, 130, 146-147, 148, 159, 166-167, 204, 211, 212, 213, 216, 223

Wikimedia Commons:
- 10: Korean Culture and Information Service (Jeon Han); https://commons.wikimedia.org/wiki/File:Pope_Francis_South_Korea_2014.png
- 26: Manfredo Ferrari: Mutter Teresa von Kalkutta: https://commons.wikimedia.org/wiki/File:Mutter_Teresa_von_Kalkutta.jpg, modifiziert.
- 26 Autor desconocido: https://en.wikipedia.org/wiki/Maximilian_Kolbe#/media/File:Fr.Maximilian_Kolbe_in_1936.jpg
- 32: Sergio Fabara Muñoz: Desire lips: https://commons.wikimedia.org/wiki/File:Desire_lips.jpg, modifiziert.
- 112, 209: Orjen: Christus Pantokrator 13 Jh. Hilandar: https://commons.wikimedia.org/wiki/File:Christus_Pantokrator_13_Jh._Hilandar.jpg, modifiziert.
- 187: Schuppi: Icon of Tsambika: https://commons.wikimedia.org/wiki/File:Icon_of_Tsambika.jpg, modifiert.

Interior de las cubiertas: privado